大都會文化
METROPOLITAN CULTURE

大都會文化
METROPOLITAN CULTURE

贏在關係

勇闖職場的人際關係經營術

自序

有謂學生在學校，可以從課本內容學習到包羅萬象的知識，但他們卻欠缺機會，學習到待人處事等基本應對進退的常識，主要原因是——這種常識難以從教科書的內容中獲取，而必須由家庭教育與學校生活中，才可以體驗。

很可惜，多年來，隨著家庭教育與學校生活教育功能的不彰，多數的學生，過分強調課業的學習，卻忽略待人處事的基本應對進退，進而影響到他們日後進入部隊成爲新兵，或踏入職場成爲新人時，缺乏建立良好人際互動關係的能力。

筆者與學校的資深同事，及其他學校的資深教師在閒聊中，深感現今的中學生、大學生或新進教師，仍然具有傳統的倫理輩分觀念者，愈來愈少。

近年來，筆者走訪以前曾經服務的私人企業與公家機關，一提及現今大多數的社會新鮮人，含蓄型的職場老鳥，所呈現的表情是無奈苦笑或搖頭嘆息，也遇到好幾位直腸子型的職場老鳥，對社會新鮮人批判的用字遣詞頗難聽，例如「有一些菜鳥的臉，好像死人臉。」、「有一些菜鳥，有夠白目。」、「有一些年輕人，可以說是白目前面尚須再加三個字，才足以形容，就是超級大白目。」或「有一些年輕人很欠修理」等用語，顯露出他們對現今愈來愈多的社會新鮮人，不懂尊重職場倫理及忽略基本禮節，所產生的反感及看不順眼。

再來看一看校園裡的變化，許多教師自嘲，在課堂中，被學生視為「隱形人」一樣。

昔日，教師在課堂中，學生如果欲做任何私事或執行班務時，都會先向老師報告，經過老師的許可，才敢離開座位或宣達事情，現今呢？

昔日，學生進入辦公室，都會先喊：「報告！」才走進去，師生輩分的分際很明確，現今呢？

昔日，大多數的學生，到辦公室找老師，看到每位老師時，都會主動向老師微笑頷首並問好，現今呢？

昔日，師長在校園中行進，通常學生都會主動向師長打招呼，現今呢？仍然注重基本禮節的學生，少之又少了。

自一九九〇年代初期以來，崇尚西式教育的改革，在中、小學如火如荼地進行，再加上倡導校園民主化的推波助瀾下，使校園倫理加速衰微淪喪、師生的關係丕變。

教師爲了適應民主開放式教育的潮流，亦調整了班級經營與管理，使更趨於民主化及人化性。

再者，邁入工商業社會，隨著社會結構的改變，家庭教育功能愈難以發揮，而學校教師對於學生的管教權，又不斷地萎縮。

另外，少子化的趨勢，也使得大多數的學生，都在父母的寵溺包容中成長，造成學校的生活倫理教育更難落實，無形中，也使得校園裡出現了許多「目無尊長」的學生。

前述各種現象，不免令人擔憂，大多數的學生，日後離開校園，進入部隊成爲新兵，如何與重視軍中倫理和基本禮節的老兵及軍官相處融洽？

踏入職場成爲新人，又如何與老鳥及主管相處融洽？

筆者將在書中舉例說明（人物皆爲化名），藉以提醒目前的年輕人，讓他們知道自己比較容易忽略哪些人際互動的基本禮節。

此外，透過閱讀本書，希望有助於學生、部隊新兵及職場新人瞭解，在人際互動過程中，注重師生倫理、軍中倫理及職場倫理的必要性。

目錄

【第二篇】菜鳥不自愛　老鳥無奈

【第三篇】恪遵儀禮　應對得體

【第四篇】師長關愛　最佳人脈

菜鳥機伶 老鳥窩心

【第一篇】

新人謙恭禮貌　長輩欣賞關照

學校代課熱心服務　教師甄試備受照顧

新人貼心服務　同事提攜愛護

工讀認真好相處　畢業工作貴人助

徒弟勤奮虛心　師傅傳承盡心

擁有高學歷　待人更謙虛

職場廣結善緣　貴人相挺支援

菜鳥恭老鳥友　和諧共事

特產小禮　增進情誼

新人謙恭禮貌　長輩欣賞關照

阿吉通過公職考試後，依通知前往某一公家機關報到，成爲一位職場新人。同一批新進人員共有十二人，被分發至不同部門服務，該單位員額編制約二百五十人，共處於三個辦公樓層。

經過數個月的見習，阿吉成爲單位資深老鳥私下共同評選爲印象最好的職場新人。在單位裡，無論是熟識或非熟悉的同仁，他見到任何人都隨時保持微笑頷首示好，且基本應對進退得體，特別是在人際互動的細微禮節表現，令資深老鳥非常窩心。

例如，在深長的通道間行進，他發現有資深同仁在通道的另一端遠處，朝向自己所在位置的方向走過來，無論對方在五十步或近百步的距離已注意到阿吉的存在，阿吉都會馬上向對方微笑頷首示好。

之後，資深同仁可能在距離阿吉五十步或三十步遠處，走進其他部門的辦公室，也有可能轉方向走向另一個通道，兩人沒有擦身而過。

如果發現這一位資深同仁即將和自己擦身而過，阿吉在五步至十步遠的地方，仍會再度向這一位資深同仁微笑頷首並問好，熟識者，阿吉會說：「吳小姐好！」或「陳先生您好！」，非熟識者，他則說：「你好！」或「您好！」

老鳥心聲：

這位年輕人很謙虛且有禮貌，值得日後予以各方面的關照與提攜，讚！很上道！

剖析與建議：

看在老鳥的眼裡，阿吉對於資深同仁的敬重，如同昔日他們在當菜鳥的翻版，即態度謙恭而有禮貌。

大多數的職場新人可能會認為，即將擦身而過才微笑頷首或打招呼，已經很給對方面子了。甚至，耍小聰明，認爲只要自己身旁有人陪伴邊走邊聊，可以免除與擦身而過的資深同仁打招呼。他們這種自我膨脹、幼稚不成熟的想法，無形中，突顯出阿吉的爲人親和有禮。殊不知，老鳥對於職場新人的基本應對進退的能力，仍是會有所比較。

有謂：「禮多人不怪」，但是，職場新人能夠靈活應用於人際互動中的人愈來愈少，阿吉承襲了早期新人對老鳥的敬重及謙恭有禮的優良傳統，因此，他在人際互動的小細節上，處處周到，而博得許多老鳥的好評。

筆者多年前在校園裡，常常遇見一位從來未曾在課堂上被我教過的男學生，每次這位學生遠遠看到我，就面帶笑容主動向我喊叫：「老師早！」或「老師好！」雖然我們倆人私下未曾交談過，但是，他的好禮博得我的好印象。

畢業前夕，聽說他與別班的學生因細故發生衝突，校方原本欲扣留該生的畢業證書兩個月，經筆者積極幫忙，替他向校方求情，最後，校方同意更改懲處，僅扣留一週，但須到校勞動服務。

他一聽到此消息，突然精神一振，大聲呼喊：「耶！謝謝老師。」一掃他原來眉頭深鎖的苦瓜臉，展露出多天以來難得一見的笑容。

畢業典禮那一天，這位學生雖然無法領取畢業證書，他仍然跑到學校來參加畢業典禮，且帶了一束鮮花送我，表示謝意。

人與人之間的互動關係眞的很微妙，我爲什麼願意爲他拔刀相助，讀者應該可以不言而喻，不是嗎？

在職場裡，新人秉持謙恭有禮的態度來面對單位裡的任何同仁，才能廣結善緣、拓展人脈及贏得友誼。日後，在工作上或其他方面遇到困難，別擔心，自然會有貴人襄助。

學校代課熱心服務　教師甄試備受照顧

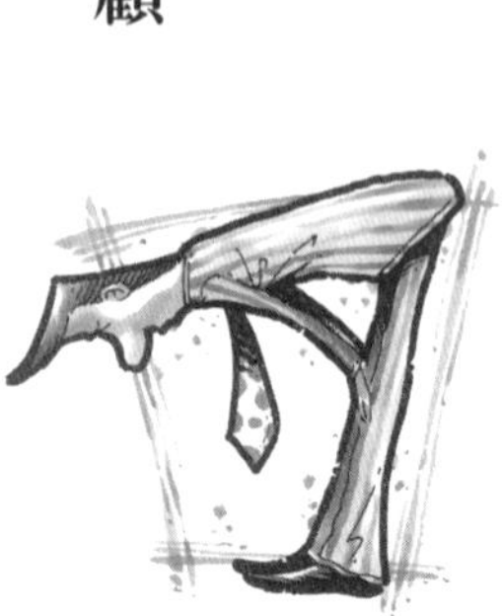

小芹通過代課教師甄試，進入一所中學服務，成爲一位職場新人。同一年度進入這所學校的代課教師共有七人，他們的辦公桌，都被安排在專任教師辦公室，這個辦公室共有五十位教師，雖然每一位新進代課教師，皆具有基本應對進退的能力，但是只有小芹察覺出，與資深教師相處過程中，一些細微的禮節表現亦相當重要。

在辦公室裡，有一個教師郵件放置的箱子，七位新進代課教師中，只有小芹常利用休息或下課時間主動幫忙發郵件，每次她拿信件給資深教師時，態度親和有禮，短時間裡，幾乎每一位資深教師都與她有接觸過，且都對她留下良好的印象。

此外，幫忙接聽電話、分發團體訂購物品或滿月油飯及蛋糕時，常常可以看到她在教師的座位間穿梭服務。午餐時間，當她欲離座去打菜時，發現附近鄰座教師尚未吃飯，就會客氣有禮笑著說：「楊老師，吃飯囉！」或「楊老師您還在忙啊！需不需要我幫忙？」

下學期接近尾聲，代課教師除了必須應付學校教學工作以外，課餘時間，仍需努力準備即將逼近的正式教師甄試，此時，代課教師所面臨的雙重壓力是相當沈重的。

通常，在暑假期間，按照這所學校慣例，代課教師七月份仍有支領薪資，故須到學校擔任行政助理或支援活動的勤務。那一年，新生訓練排定星期四、五兩天，星期六碰巧又是教師甄試。

學期結束前兩個星期，七位新進代課教師接獲通知須帶領新生，原本他們抱著一絲希望，欲找學校較資淺的年輕教師，幫忙他們在那兩天帶領新生。後來發現年輕教師亦接獲校方通知支援新生訓練，那時候的狀況，使七位新進代課教師都認為，想要找到其他教師願意代理他們帶領新生的機會很渺茫，論輩分、年資及年紀，新進教師根本不敢商請資深教師幫忙。

他們每個人，一想到教師甄試前夕，尚須帶領新生訓練，將影響他們無法全心全力準備考試。因此，每一個人的心情都跌入谷底，忐忑不安的心境油然而生，亦增添了不少無形的考試壓力與恐懼感。

新進代課教師接獲支援新生訓練通知的第三天，辦公室一位年長資深教師瞭解小芹的情況後，主動幫忙探詢一位中生代資深教師是否願意幫忙小芹帶領新生訓練兩天，這位中生代資深教師基於年長者的請託，又發現欲幫忙的對象是小芹，二話不說馬上爽快答應，讓小芹既感動又感恩，如同在考前吃了一顆定心丸一樣。

暑假結束，小芹通過教師甄試，成爲正式教師，分發到中部的學校服務，辦公室剛好有一位資深教師，與小芹報到學校的主管，及該校一些資深教師熟識，特別一一打電話，請託他們好好關照這一位新進人員。

老鳥心聲：

我們喜歡她的親和有禮、熱心服務的處世態度。

❦剖析與建議：

現今大多數的職場新人，年輕識淺、自視甚高，且抱持「多一事，不如少一事。」

的處世原則。的確，辦公室裡有許多小事情，都沒有明確規定由誰來做，有些老鳥會指定或客氣請託職場新人幫忙，職場新人應該表現出熱忱的服務態度。

如果出現一些瑣事，沒有明確歸屬哪一位同仁的工作範圍，但又需要有人出來幫忙處理時，按照辦公室的職場倫理與排資論輩，應該由資淺年輕者主動幫忙處理。即使單位裡有工友爲大家分發物品，職場新人如果沒有緊急公務須處理，可以主動幫忙分發物品，表現出樂於爲大家服務的態度，藉以廣結善緣。

小芹樂於爲大家服務，讓辦公室每一位老鳥感覺小芹爲他們做的許多事情，無形中，大家都對小芹留下良好的印象，因此，當小芹遇到困難，自然有人願意主動出面幫忙解決問題。

另外六位新進代課教師，最欠缺的就是自動自發的服務熱忱，無形中，也喪失了許多與老鳥互動建立情誼的機會，因此，當他們遇到困難時，可以尋求援助或動員人脈的資源較小芹少。

新人貼心服務　同事提攜愛護

小娟是某一公家機關的新進人員，她所服務的部門單位有三十五位同仁，每天接近中午時刻，外送便當業者會將便當送到辦公室，在中午休息時間，有十幾位同事，留在辦公室吃訂購的便當。

另外，有十幾位同事，外出到附近餐館用餐，也有五、六位同事，外出買小吃進來辦公室吃，只有三位同事，自己攜帶便當盒蒸食。

小娟不是本地人，對機關附近的周遭環境不熟悉，因此，初進入單位，先和同事一起訂購外送便當。

小娟發現，每當業者將外送便當放置在固定桌面上的位置，都可以看到已在單位服務五年的劉小姐會主動迎向前，清點數量無誤後，她就當場付清訂購便當的費用。

中午時刻一到，訂購便當的同事放下手邊工作，都會主動前往外送便當放置處，拿取自己訂購的便當，隔了幾分鐘，劉小姐如果發現同事因公務處理，或外出尚未拿取訂購的便當，她會主動按訂購名單，將便當送到這些資深老鳥的桌上。假設對方正在講電話，可以看到劉小姐都會向對方微笑頷首示意，再將便當放在桌面上；倘若對方正忙著處理公務，劉小姐則面帶笑容地說：「陳先生，你還在忙啊！這是您的便當。」對方都會微笑回應：「再一會兒就結束了，謝謝妳。」

雖然在部門裡有五、六位同事比劉小姐資淺，但是，在十幾位訂購外送便當的同事中，劉小姐的年資最資淺。因此，每天上午十點左右，可以看到劉小姐拿一張外送便當訂購單，一一詢問固定長期訂購外送便當的資深老鳥，並代收訂購便當的費用。

小娟連續三天仔細觀察劉小姐，看她如何為資深老鳥服務，且在心裡提醒自己，日後為大家訂購便當必須注意的事項。第四天早上，她主動向劉小姐致謝：「劉小姐，謝謝您。眞的很不好意思，這幾天都由您幫我代訂便當。明天開始，就讓我來為大家服務。」

「不要緊，你可以多適應幾天，我再來教妳如何為大家訂購便當，並提醒一些必須注意的事項。」劉小姐原本想讓小娟適應新的工作環境兩個星期後，再將訂購便當的差事移交給她，想不到她如此懂事，主動要求想為大家服務。小娟的舉動，令劉小姐感到喜出望外，對她留下良好的印象。

透過劉小姐與其他同事的聊天，許多同事都知道小娟為人謙恭有禮，且樂於為大家服務，即使許多同事尚未與她交談或業務接觸，都已對小娟留下良好的印象。

假設小娟與同事一起訂購便當已經十幾天了，都由劉小姐為資深老鳥及小娟服務，期間小娟又未曾主動向劉小姐提出想為大家服務的想法，劉小姐對她的印象必然不佳，且會認為小娟為人不夠謙虛，太不上道。再透過劉小姐與其他同事聊天的推波助瀾，許多同事皆會耳聞小娟不懂人情世故，毫無職場倫理的觀念，即使許多同事尚未與她交談或業務接觸，都已對小娟留下不好的印象。

原則上，職場新人在辦公室，要有積極為老鳥服務的熱忱態度。以小娟為例，她主動要求為大家服務，其舉動表現出謙虛，且樂於為老鳥服務，這一份心意，日後在工作上，必然可以獲得許多資深老鳥的善意回饋。

反之，如果小娟與同事一起訂購便當期間已有十幾天了，她未曾主動提出想為大家服務的想法，按辦公室職場倫理的運作，劉小姐仍會適時將訂購便當的差事，交由小娟來承接，只是大家對小娟已留下不好的印象。

在辦公室裡，通常會出現一些瑣事，需要有人自願站出來爲大家服務，有時候，主管會指定職場新人或資淺者去做，當主管沒有指定任何人必須去做時，職場新人與資淺者最好識相一點，主動積極承接，表現出樂於爲大家服務的態度。

倘若職場新人與資淺者只會冷眼旁觀，看著資深老鳥站出來爲大家服務，這種職場新人或資淺者的職場人際ＥＱ未免太低了。最後，常常演變成直腸子型的資深老鳥，對職場新人或資淺者的表現看不過去而破口大罵，且要求職場新人或資淺者，必須站出來爲大家服務。

可想而知，此類型的職場新人或資淺者，日後欲與資深老鳥建立良好的互動關係，必然困難重重，除非自己深切反省，改進自己待人處事的缺失。

如果小娟剛進入此單位，不是和同事訂外送便當，而是自已外出帶小吃回到辦公室吃，應該注意哪些人際互動的小細節？

原則上，如果發現鄰座或附近資深老鳥，在中午時刻仍忙於處理公務或接聽電話，小娟應該主動詢問他們，是否需要順便幫他們買小吃或便當回到辦公室。

即使小娟準備要外出買小吃時，亦可主動詢問鄰座或附近屬於訂購外送便當及自帶便當蒸食的資深老鳥，是否需要順便買東西回來。

同理，如果職場新人或資淺者是跟隨同事到餐館用餐，準備外出時，亦應該詢問鄰座及附近的資深老鳥，是否需要順便買東西回來。

此外，當職場新人或資淺者準備在自己座位上吃午餐時，發現鄰座或附近同仁仍忙於處理公務時，應該主動打招呼，表示尊重與關心。

例如，職場人際ＥＱ高的新人與資淺者會面帶笑容，用關心的語氣提醒：「李先生，還在忙？吃飯囉！」或「張小姐，還在忙？吃飯囉！」對方發現職場新人或資淺者如此貼心，都會對此職場新人或資淺者留下良好的印象。

職場新人或資淺者，如果在職場能夠多加注意這些人際互動的細微禮節，必能讓資深同仁與主管留下良好的印象，也比較有可能使他們願意將這些職場新人或資淺者，視同自己的子弟對待。日後，通常他們也都會在能力所及的範圍內，對這些職場新人或資淺者，在各方面予以關照與協助。

工讀認眞好相處　畢業工作貴人助

阿明在大二升大三的暑假，申請暑期工讀，獲分發到某一公家機關，他與另外四位大學生一起報到後，被分配到不同部門擔任行政助理，從事資料整理工作。

由於阿明的父母曾經提醒他，在與長者相處時，應該注意哪些基本應對進退的禮節。所以在辦公室裡，阿明的言行令每位同仁皆感受到他的親和有禮，再加上他做事情腳踏實地，而且個性樂觀進取，僅僅兩個月的共同相處，已贏得所有人對他留下良好的印象。

例如：阿明遇見同仁都會主動向對方微笑頷首並問好、勤於接聽電話、主動幫忙分發物品，且樂於聽候同仁或長官的使喚與差遣。

每當同仁或長官欲交代或請託事情，而走近他的座位時，他都會立即起立以示敬重對方，即使他在交誼廳休息，一遇同仁或長官走進來，他必定會先起立再打招呼。

中午用餐時間已到，如果有同仁或長官仍然忙著處理公務，阿明發現自己可以為他們分擔勞務，必定會主動留下來幫忙；如果發現自己幫不上忙，他欲外出用餐時，亦會主動詢問對方：「需不需要我幫您買一些吃的東西回來？」

此外，部門主管與同仁為了籌辦大型活動，而必須連續數天留在單位加班挑燈夜戰時，阿明也會自願留下來，與同仁共進退。

暑假工讀結束，阿明重返校園，又開始過著一般大學生在校園中多采多姿的大學生活。

兩年後，阿明踏出校園，正式成為社會新鮮人。六月下旬，他正在等候數家公司通知面試兼準備就業考試之際，突然接獲來自某一所大專院校的來電，對方說明有某位長者推薦他去應徵該校的行政助教職缺。

雖然阿明不知道推薦者的身分，但是，一想到目前社會上人浮於事，工作機會仍是僧多粥少的情況，再加上畢業季的效應，更增添了就業市場競爭的激烈性。想讓自己在短時間內，找到類似這種工作頗穩定的學校職缺，簡直是可遇不可求。這種想法，使他更想好好地把握，爭取這個從天而降的機會。

等待助教應徵面試的前幾天，阿明仍會多心想到自己的家世毫無背景，又無認識重量級社會人士，擔心自己與其他應試者做比較時，很容易被判出局。這種忐忑不安的心情時斷時現，直到應試當天看到面試主管，才令他放下心中的大石。

原來，面試主管就是阿明兩年前在公家機關暑假工讀的部門主管，他告訴阿明因一次遷調機會，獲聘來到這所學校擔任教職，並兼任行政主管職務，由於欣賞阿明以前在部門裡的工作表現，及待人處事的成熟態度，因此，他欠人手，第一個想到的人選就是阿明。

阿明一直保持面帶微笑，聆聽這位長者侃侃而談，其間，他一想到自己是唯一的應試者，心中頓時感覺自己好幸運喔！

老鳥心聲：

我們喜歡懂得尊重職場倫理及注重禮節，且肯多做事情的年輕人，我們也樂於將他們視同自己的子弟對待，日後在工作上予以各方面的關照與提攜。

❦剖析與建議：

大多數的工讀生都認爲，工讀薪資微薄，做苦差事或多做事情相當不划算。因此，他們希望被分配到的工作最好是——事少、輕鬆、時間多，且都抱持「多一事，不如少一事。」的處世態度。

阿明在工讀期間，對於自己勤勞的付出視爲一種快樂且充實的學習。但是在一般大學生的眼裡，他簡直是一位十足的「傻子」，然而，阿明的際遇，正應合了「傻人有傻福」這一句話。

筆者曾經閱讀某位目前仍走紅於電視圈的演技派小生的自傳，他最令人折服的一點就是「擁有當小弟的服務熱忱」，未成名前，他在拍戲現場擔任場務助理時，樂於聽候資深老鳥、製作人及導演的差遣或使喚。

如遇拍戲角色臨時出缺欲找人替補時，導演與製作人常常第一個想到他，使他比別人有更多的機會試演不同的角色。後來，終於讓他闖出了名號，在演藝圈佔有一席之地。

目前的綜藝節目中，有數位知名主持人在未成名前，與前述的演技派小生皆有一共同特點，即是——「擁有當小弟的服務熱忱」，使他們比其他的場務助理有更多的表演機會，逐漸讓觀眾肯定他們的演技與表演才華，進而奠定個人在演藝界的地位。

奉勸剛踏入各領域職場的年輕人，要切記職場新人基本待人處事的座右銘：

一、「多做事情，少講話。」

二、「禮多人不怪」

三、「擁有爲大家服務的熱忱」

四、「面容笑、勤點頭、勤問好、身段柔。」

如果職場新人能夠仔細去了解這幾句話的用意，並且靈活應用於職場人際互動中，相信「得必多於失」，甚至，可能會有意想不到的收穫。

徒弟勤奮虛心　師傅傳承盡心

社會新鮮人投入各領域的職場，都必須擁有尊重職場倫理與注重基本禮節的認知，如此，才能與職場老鳥及主管建立良好的互動關係，日後，職場新人在工作上遇到困難或犯有缺失時，通常比較容易獲得老鳥與主管的鼎力襄助或包容。

反之，若職場新人怕多做事情、愛抱怨、喜歡與老鳥計較、爭利，且不注重待人處事的基本禮節，必然會引起眾多老鳥與主管，對此職場新人產生反感及看不順眼，日後，這位職場新人在工作上遇到困難或犯有缺失時，就容易陷入四面楚歌的困境。換言之，沒有老鳥願意伸出援手或幫忙求情，甚至有些老鳥還會趁機落阱下石、打落水狗，以挫這位職場新人的銳氣。

各種不同領域的職場裡，皆有「老鳥現象」。有些職場新人，因爲欠缺尊重職場倫理的認知，常常會為了勞務分配或資源分享與老鳥斤斤計較，進而形成檯面上的衝突與爭鬥。

結果，職場新人十之八九都敗陣下來，日後，這些職場新人還必須付出更多的努力，來改善與老鳥之間的互動關係。倘若這些職場新人仍然不自量力，想再與老鳥繼續爭長短，通常，下場會比前一次更慘。

再者，有不少職場新人與老鳥互動時，完全忽略基本禮節，也很容易使老鳥對職場新人產生反感，日後，這些職場新人在工作上，很容易被老鳥藉機會找麻煩或挑毛病。

一位屬於老師傅級的焊接工人提及，有許多學徒曾經向他學習焊接技術，通常，他會要求每一位學徒，必須先從搬移厚重的材料學起，如果發現學徒為人謙恭有禮、任勞任怨，他會吩咐其他師傅，適時幫忙，第二個星期就開始傳授焊接技術。

如果遇到的學徒是不懂尊重職場倫理及忽略基本禮節，做事態度敷衍、且喜好摸魚，老師傅就會讓這位學徒，一整個月獨自搬運厚重的材料，延後傳授焊接技術。假使這位學徒搬運材料一個月後，仍然沒有學會謙恭有禮及做事腳踏實地的態度，老師傅在傳授焊接技術過程中，會多做保留，慢慢地磨練這位不上道的學徒。

因此，老師傅是否願意將自己的技術對學徒傾囊相授的主要關鍵，取決於學徒待人處事的態度。這種現象，仍然存在於現今各種師徒制的行業中，諸如水電技工、汽修技工、餐廳廚師、美髮設計師或傢俱沙發師傅等。

雖然，許多社會新鮮人所投入的工作職場，屬於朝九晚五的上班族，或者是屬於工作時間較冗長的服務業，他們仍然必須擁有尊重職場倫理及注重基本禮節的認知。

某一銀行有兩位新進人員，被分配擔任櫃台提領與儲匯的工作。甲新人與同事互動時謙恭有禮，且擁有尊重職場倫理的認知；乙新人則驕傲自負，不懂尊重職場倫理及忽略基本禮節。

有時候，會計人員結帳發現帳目不符，通常，當天所有櫃台工作人員，都必須一起留下重新核算帳目。當發現是甲新人造成疏失，而牽累大家無法準時下班時，所有被迫留下來的資深同仁，對甲新人頗具包容心，且會鼓勵與安慰他。但是，如果是乙新人造成疏失時，大多數的資深同仁則是怨聲四起，趁機指責，不給好臉色看。

由此可知，在團體裡，當兩位成員先後犯下同一種錯誤，必須接受懲處時，未必會獲得同樣的懲罰。這種現象，在校園、法庭、軍中或在各領域職場裡的實例，不勝枚舉。例如，學校學生爬牆進入校內，被生教組長當場發現，有學生因此被記過處分，有學生僅寫悔過書卻未被記過，爲什麼？

因爲生教組長可以綜合考量犯錯學生的日常生活表現、過去的獎懲記錄及犯錯事後的態度，來決定懲處的輕重。

同樣地，某一刑事案件在法院審理過程中，法官仍然可以考量，被告者的日常生活表現、過去是否有犯罪紀錄及犯案後的悔意程度，來決定對被告者懲處的輕重。

在軍中，亦曾聽聞有士兵以言語挑釁軍官，因態度惡劣傲慢而被取消休假或禁足，也有士兵因而被送去關禁閉。用言語以下犯上的士兵，事後態度毫無悔意者，也有被送去管訓的實例。

在各種不同領域的職場裡，職場新人犯錯時，老闆或主管仍然可以考量職場新人的日常生活表現與犯錯事後的態度，來決定懲處的輕重，此時，若有老鳥主動幫忙職場新人向老闆或主管求情，通常，職場新人都會獲得較輕微的懲處，甚至免除處分，且事後職場新人也比較容易獲得來自老鳥的關心與鼓勵。

反之，平常就令許多老鳥看不順眼的職場新人犯錯時，老鳥則可能會對這位職場新人的處境，採取袖手旁觀的態度，甚至，趁機落阱下石，因此，這位職場新人可能會受到較嚴厲的懲處，且事後仍然有可能繼續受到老鳥群起孤立與排擠。

可見，職場新人在職場裡的待人處事態度，將影響到老鳥在日後以何種態度來對待職場新人。

即使是投入演藝圈或模特兒行業的新人，也一樣，必須具有尊重職場倫理與注重基本禮節的認知。像模特兒在走舞台秀，必須在短時間於後台迅速換裝，再度出場走秀。有時候，會發生某位新人在後台找不到換裝的衣服或配件，迫使這位新人無法出場走秀，被老闆臭罵一頓。這時候，新人如果將此事的發生，都完全歸罪同事的陷害，表示此新人缺乏對人際互動微妙關係的敏銳觀察力，可能這位新人在事前早已得罪老鳥而不自知，且事後又完全怪罪老鳥而不思自我反省。日後，這位新人在表演工作上再出現狀況，或處處受老鳥群起孤立與排擠時，會面臨無人主動協助的窘境，進而影響新人的工作情緒與表現。

試想，爲何大多數模特兒新人，未曾在走秀時被老鳥惡整，只有少數者有被惡整的經驗？

奉勸各位社會新鮮人，在職場裡，必須認清自己的身分與角色。通常，職場新人應該僅能算是一位年輕識淺、工作經驗不足的學習者。

身爲一位學習者，待人處事方面當然必須顯露謙恭有禮，且具有樂於爲大家服務的熱忱，如此，才能贏得老鳥與主管的好感。

當大多數老鳥與主管對某位職場新人留下良好的印象，日後，這位職場新人在工作上遇到困難，大家比較願意主動伸出援手予以指導與協助；倘若這位職場新人因犯錯而造成業務疏失時，也比較能夠獲得大家的包容。

同樣的事情，如果發生在另一位人緣較差的職場新人身上，大家可能會採取袖手旁觀的態度，甚至，會有老鳥趁機落阱下石，針對這位職場新人好好地修理一頓，直至此職場新人學會謙虛、低調，且懂得尊重職場倫理及注重基本禮節時，老鳥才肯罷休。

職場新人與老鳥及主管之間的人際互動微妙關係，也是一門學問，這是學生在學校接受教育時，無法學習到的知識內容。

社會新鮮人在職場裡，如果想與老鳥及主管建立良好的互動關係，必須先具有尊重職場倫理與注重基本禮節的認知。但是，現今大多數的社會新鮮人，他們平時與父母或親朋長輩互動時，就缺乏倫理輩分觀念；在校時，與師長互動，又欠缺倫理輩分的認知，因此，當他們進入職場，必然會比較欠缺擁有尊重職場倫理與注重基本禮節的認知。

通常，這一類型的社會新鮮人都自視甚高，且抗壓力差。他們在職場裡，除了害怕多做事情之外，通常他們的意見很多，且喜歡抱怨，再加上欠缺對人際互動微妙關係的敏銳觀察力，所以，在職場人際互動過程中，常常得罪老鳥與主管而不自知。

如何讓欠缺尊重職場倫理及忽略基本禮節的社會新鮮人，在短時間內，透過閱讀來了解職場人際互動的現實面，且認清自己在職場裡的身分與角色，進而讓他們發現，學會謙恭有禮及尊重職場倫理，能夠爲他們在職場裡帶來許多好處，這是筆者撰寫本書的主要用意。

擁有高學歷　待人更謙虛

二十幾年前，大學入學考試的錄取率約十八%，當時在職場裡，持有大學畢業證書的社會新鮮人不多，頗令人羨慕。

筆者有一位朋友，他在村落裡，是第一位考上大學的年輕人。放榜那一天，村莊裡的鞭炮聲震天價響，家裡賀客絡繹不絕、門庭若市，道賀聲此起彼落，他的父母還宴請諸親友，讓大家分享兒子考上大學的榮耀與喜悅。

即使住在都市裡的年輕人考上大學，多數的父母也都會在餐館宴請親友，讓大家分享自己的小孩金榜題名的榮耀與喜悅，可見，當時的年輕人可以考上大學，相當不簡單。

昔日的大學畢業生，進入職場成爲社會新鮮人，雖然是工作單位或部門裡，極少數擁有高學歷者，但是，他們絕大多數，都不敢顯露驕傲自負或自命不凡的態度。爲什麼？

因爲，那時候的大學生做學問比較紮實，也使他們更能夠深刻體會「生也有涯，學也無涯。」這一句話的涵義，無形中，亦培養他們具有謙卑爲懷的待人處事態度。

再者，長期性的家庭倫理教育與各階段學校倫理教育的潛移默化，也使當時的大學畢業生，在日後成爲社會新鮮人時，比較能夠擁有尊重職場倫理與注重基本禮節的認知。所以，他們與職場老鳥的互動關係良好，相處和諧融洽。

反觀現今，持有大學文憑的社會新鮮人，十之八九者，都不懂尊重職場倫理及忽略基本禮節，使他們在職場常常得罪許多老鳥而不自知，長久下來，更加深老鳥對這些高學歷職場新人產生反感及看不順眼。

近幾年來，時常可以聽到不同領域職場資深主管與老鳥的抱怨及感嘆，一位在職場超過二十年資歷的公司主管與筆者閒聊時，有感而發：「以前我大學畢業剛進入職場，對資深老鳥都畢恭畢敬，秉持多做事、多學習的工作態度，且樂於爲資深老鳥服務。相對地，我也獲得他們善意的回饋，處處受到他們的關照與提攜，令我深懷感恩之心，而對他們更加敬重。這幾年，公司所晉用的大學畢業生，大多數都不懂尊重職場倫理，且在與資深員工互動時，又忽略基本禮節，造成許多資深員工，對這些職場新人產生反感及看不順眼。因此，時常有資深員工向我抱怨，某些職場新人相當不上道、很白目，希望我約談職場新人，提醒他們必須注重基本禮節，並且要求他們要學習尊重職場倫理。」這位仁兄講到這裡，就開始搖頭感嘆，認為現在的年輕人，職場人際ＥＱ相當低。

也有一位在職場打滾二十多年的年長老鳥直言批評：「愈來愈多拿大學文憑的職場新人被我看扁了。為什麼呢？十幾年前的大學畢業生，除了專業知識與工作能力很強以外，待人處事也謙恭有禮，我對那時候高學歷職場新人的印象都很好。反觀這幾年所接觸的高學歷職場新人，十之八九者的專業知識與工作能力都ＳＯ、ＳＯ而已，而且抗壓力差、意見多、不會做人、眼睛長在頭上，總算讓我親身應證外面流傳『大學生素質日漸低落』這一句話，所言不假。」

前面兩位職場老鳥所提及的現象，筆者亦感同身受。回想筆者在十幾年前，剛進入教育界服務時，深知自己尚年輕識淺，所學不足，幸而自己擁有尊重職場倫理的認知。

在偌大的學校裡有二百多位教師，只要筆者在校園中行進，遇到任何一位教師、行政人員或主管，都會主動向他們微笑頷首，以示敬重對方。如果知道對方的大姓或職銜，筆者則會向對方微笑頷首並問好。

再者，筆者與資深教師互動時，完全尊重職場倫理，且樂於爲資深教師服務，即樂於多做事、多學習。相對地，筆者在教學或工作上遇到困難，也常常獲得他們的熱心指導與協助，而且，有許多資深教師，皆不吝將多年的教學經驗與班級經營的技巧傾囊相授，讓筆者獲益良多。

這幾年，在各級學校服務的新進教師與資深教師之間，世代隔閡的鴻溝愈加深裂，菜鳥教師覺得資深教師很「機車」，和自己「不對盤」；資深教師感覺不受菜鳥教師的尊重，心裡很不爽快，形成菜鳥與老鳥互看不順眼，造成這種現象出現的主要原因是——兩者之間欠缺「互相尊重的情意交流」，這種因雙方認知差異，所引起互看對方不順眼的現象，也同時出現在各種不同領域的職場裡，逐漸成爲一種普遍性的現象。

如果菜鳥與老鳥之間，因爲隔閡與誤解加深，進而演變成檯面上不愉快的摩擦與衝突，那麼誰比較倒楣，吃虧比較大？

按雙方的人脈資源、動員能力及老鳥文化的影響來分析判斷，當然是菜鳥比較倒楣與吃虧。

昔日持有大學文憑的社會新鮮人，與當時的職場老鳥相處和諧融洽，主要的關鍵是——那時候擁有高學歷的職場新人，願意主動按下「互相尊重的情意交流」的起動按鈕，即職場新人在與老鳥互動時，處處流露禮貌、尊重與恭敬，因此令老鳥不吝付出對職場新人的關照與提攜，所以，雙方皆能感受來自對方一分友好與一種和善的心意。

現今大多數高學歷的社會新鮮人，都不懂尊重職場倫理及忽略基本禮節，這是造成職場裡菜鳥與老鳥之間，隔閡與誤解加深的主要原因。

職場新人如果不想讓自己陷入職場人際互動的困境中，應該從改變自己的心態做起，袪除自命不凡、高傲及自負的態度，學習謙恭有禮，並且樂於爲老鳥服務。

如此，職場新人無形中就起動了與老鳥之間「互相尊重的情意交流」的按鈕，在相互尊重的人際互動過程中，促使新人視老鳥如同自己的長輩，樂於爲老鳥服務；同樣地，老鳥也視職場新人如同自己的子弟，樂於關照與提攜職場新人，進而形成雙方共生互利、雙贏局面的職場人際互動關係。

職場廣結善緣　貴人相挺支援

在職場裡，職場新人除了擁有完成工作任務的壓力之外，也必須學會處理人的問題。俗語說：「做事難，做人更難。」這一句話似乎提醒職場新人，有時候在職場裡，學會做人比學會做事來得重要。

例如，有一位職場新人，在辦公室的人際關係很差，被資深同仁群起孤立與排擠，即使工作能力很強，此新人在辦公室裡的工作心情，必然會感到不快樂。

反觀另一位職場新人，在辦公室的人際關係佳，即使工作能力尚可，有時候，發現自己承接的工作力有不逮，必須尋求資深同仁支援時，比較容易獲得他們的指導與協助。同樣地，在辦公室裡，這位職場新人也比較能夠感受來自資深前輩對晚輩的包容、關照與提攜之情。

當職場新人在職場遇有重大困難，在工作單位，有某個人或一群人願意伸出援手，協助這位新人渡過難關，這些伸出援手者，就是這位新人的職場貴人。

筆者擔任公職時，曾經遇到好幾位職場貴人，其中以張先生當年對筆者的關照與提攜，令筆者非常感恩與懷念。張先生在單位裡，是一位年長的資深同仁，他隨時保持笑臉迎人，其待人處事謙虛的長者風範，頗令大家敬重。

由於張先生見多識廣，閱人無數，他發現筆者當時與人應對的表情僵化，私下善意提醒：「林啓文，記得看到任何人，都要保持笑臉迎人。」或許自己當時年輕，對於人際互動微妙關係的領悟力差，然而，張先生總是臉上堆滿笑容，多次私下提醒我，在與人應對時，要調整臉上嚴肅僵化的表情。

有時候，當筆者遇事憤恨不平而鑽牛角尖，張先生都會以過來人的經驗，適時地提醒：「林啓文，年輕人吃一點虧或多做事情不要緊，把它當作是一種學習與磨練。」他適時地開導，讓我強烈的不滿情緒頓時能緩和下來。

此外，筆者當時也在工作上遇到許多困難，有一些是超出自己的能力所能解決，幸虧張先生數次主動出面幫忙打點與處理，再加上單位裡其他同仁的協助與關照，共同幫忙筆者渡過難關。

時至今日，筆者仍然相當感恩與懷念這些職場貴人當年的襄助情誼。

筆者服務公職數年後，因志趣考量而轉換跑道，進入教育界服務，在新的工作單位裡，自己算是新進人員，當時，筆者秉持多做事、少抱怨，且遇人隨時保持微笑頷首並問好的基本禮節。果然，獲得許多資深教師的善意回饋，處處受到他們的協助與關照，當然，他們也都是筆者服務於學校單位，所遇到的職場貴人。很幸運地，在學校任教已十幾年了，一路走來相當平順，人際關係和諧。回想張先生多年前苦口婆心地提醒筆者，有關待人處事的種種，言猶在耳、獲益良多。

昔日，大多數的社會新鮮人，都深具倫理輩分觀念，且有接受別人忠告的雅量及反省能力，因此，當時的職場老鳥比較願意關照與提攜職場新人，相對地，也讓職場新人比較容易感受，自己曾經在職場中遇到貴人相助。

然而，現今大多數的社會新鮮人，在工作職場遇到同仁時，冷漠的表情中流露出驕傲與自負，每當遇到勞務工作分配時，意見多，且喜歡抱怨。再加上，他們又欠缺接受別人忠告的雅量及反省能力，促使許多資深老鳥，原本有提攜後輩的熱情，幾乎快被他們消耗怠盡。

在職場裡，當許多資深老鳥無法將某位職場新人視同自己的子弟對待，這位職場新人遇困難或陷入困境時，只能自求多福。

通常，職場新人難免在工作上，都會遇到超出自己能力所能解決的問題與困難，一般而言，只要職場新人平時懂得尊重職場倫理與注重基本禮節，就比較容易與資深老鳥及主管建立良好的互動關係。日後，當職場新人在工作上遇到困難時，他們也比較願意主動伸出援手予以指導與幫忙，以協助新人渡過難關。

因此，任何一位資深老鳥或主管，都有可能變成新人的職場貴人。

如何在工作職場裡，讓資深老鳥與主管能夠感受到新人謙恭有禮、肯做事、且尊重職場倫理？

筆者建議社會新鮮人，在工作職場裡，應該熟記幾句基本待人處事的座右銘：

一、「多做事情，少講話。」

二、「禮多人不怪」

三、「擁有為大家服務的熱忱」

四、「面容笑、勤點頭、勤問好、身段柔。」

透過本書各種舉例說明，必然可以讓職場新人完全了解這幾句座右銘的眞諦，進而懂得如何靈活應用於職場人際互動中。

有謂「貴人可遇不可求」，但是，筆者深信，在職場工作的新人，如果能夠懂得尊重職場倫理及注重待人處事的基本禮節，如此，平常就可以不斷地廣結善緣，遇到困難時，出現貴人襄助的可能性就特別高。

菜鳥恭老鳥友　和諧共事

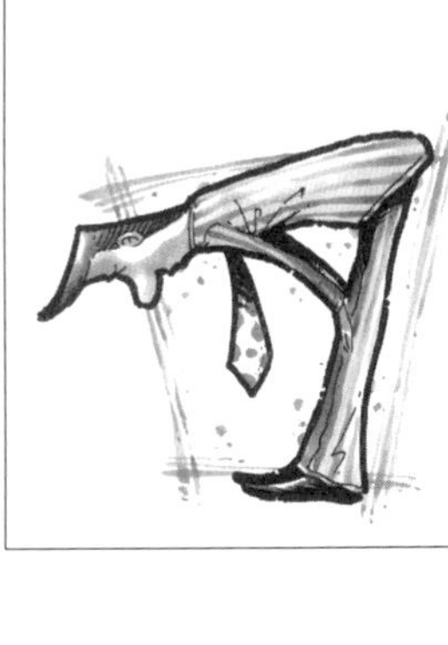

何謂「老鳥」？

按本書的定界，係指各種不同領域的職場裡，在同一工作單位已服務多年，業務與工作內容熟悉、經驗豐富，且與同事及主管皆已建立熟稔的人際關係者，即某一工作單位裡的資深員工。

何謂「資淺者」？

按本書的界定，係指剛進入某個領域的職場新人或資歷尚淺的新進人員，及已在單位服務，但年資不長的員工，他們對於業務與工作內容，仍處於摸索與學習的階段，且尚未與同事及主管建立熟稔的人際關係，即某一工作單位裡的資淺員工。

何謂「老鳥現象」？

按本書的界定，意指任何團體或機關裡，當資深員工與資淺員工之間，面對資源或福利分享，及勞務與工作分配時，通常，資深員工佔有優勢影響力與選擇權，諸如排公差、排年假、排值班或工作與勞務的分配……等，皆比較受禮遇，進而衍生出各種正面或負面影響的人際互動現象。

就正面影響而言，職場老鳥視尊重職場倫理及注重基本禮節的資淺者，如同自己的子弟對待，予以各方面的協助與關照。如此，可以儘早讓資淺者適應新的工作環境及熟悉工作內容。

就負面影響而言，職場老鳥針對不尊重職場倫理及忽略基本禮節的資淺者，會故意挑毛病、找麻煩或冷言冷語，且平時不太理睬資淺者，甚至，職場老鳥聯合起來，群起對資淺者孤立與排擠。當資淺者在工作上遇到困難或犯有業務缺失時，通常，職場老鳥不是採取袖手旁觀的態度，就是趁機落阱下石及打落水狗，以挫資淺者的銳氣。

事實上，絕大多數的職場老鳥對於資淺者印象的好與壞，均取決於資淺者待人處世的態度。如果資淺者與職場老鳥互動時應對得體，自然，職場老鳥樂於視資淺者如同自己的子弟，予以各方面的協助與關照。反之，資淺者不尊重職場倫理及忽略基本禮節，且凡事不上道。當資淺者在工作上遇到困難時，相對地，遇到職場老鳥願意伸出援手的機會相對降低，因此，很容易讓資淺者陷入四面楚歌的困境。

職場老鳥難相處嗎？

如果請目前在職場裡的資淺員工來回答此問題，答案鐵定不同。回答：「很好相處啊！」此人即是所謂「職場人際ＥＱ高的資淺者」；如果回答：「有夠難相處！」此人就是所謂「職場人際ＥＱ低的資淺者」。

筆者認爲，職場老鳥不難相處，只要資淺者努力學習尊重職場倫理與注重基本禮節，就能夠讓職場老鳥對資淺者留下良好的印象。

日後，倘若資淺者在工作上遭遇困難時，職場老鳥就會樂於主動指導與協助，並且不吝在各方面對資淺者予以關照與提攜。

如何讓職場老鳥容易感受來自資淺者對他們的敬重，進而對資淺者留下良好的印象？

筆者建議，資淺者在工作職場裡，應該熟記幾句基本待人處事的座右銘：

一、「多做事情，少講話。」

二、「禮多人不怪」

三、「擁有爲大家服務的熱忱」

四、「面容笑、勤點頭、勤問好、身段柔。」十二字口訣。

如果資淺者能夠了解這幾句話的用意，並且靈活應用於職場人際互動中，必能讓老鳥產生良好的印象，促使他們樂於將資淺者視同自己的子弟對待，進而願意對資淺者在工作上或其他方面予以關照與提攜。

特產小禮　增進情誼

「陳先生，嚐嚐看，這是……」職場新人阿鴻回老家一趟，攜帶了一些家鄉的特產，請辦公室的同事共同品嚐。

「劉小姐，這一隻小白鯨拿給您的兒子玩，他應該會很喜歡。」職場新人小芬旅遊歸來，買了數個小玩具，分送坐在她的鄰座及附近辦公桌的資深同事，遇有同事推辭，她馬上補一句：「張小姐，您一定要拿給您的女兒，我平常都受到您的照顧與幫忙，這只是一點心意嘛！」雙方互相客套幾句話，形成送禮者與收受者皆大歡喜的場面。

阿鴻與小芬兩位職場新人，透過特產或小禮物，來增進他們與同事之間的情誼，日後，如果兩人在待人處事方面出現缺失有待改進時，資深同事會比較願意主動提醒他們的缺失所在，並建議他們如何改進及應對；同樣地，如果兩人遇到工作上或其他方面的困難，也比較容易獲得資深同事的指導與協助。

昔日，有不少父母了解自己的子女在職場是新人，都會提醒他們假期結束，須攜帶一些特產回去工作單位請同事品嚐，即使現今，這種善意的作爲，仍具有促進新人與同事之間，建立良好互動關係的功效。如果職場新人擁有這一份心意，辦公室老鳥與主管，比較能夠感受到職場新人的盛情。

一年有三大節日，即端午節，中秋節及農曆新年，皆是遊子回鄉的時節。如果職場新人能夠善用特產或小禮物，來增進與老鳥及主管之間的同事情誼，通常，老鳥與主管都會適時適地予以職場新人善意的回應。

一般而言，新人剛進入職場，年輕識淺、經驗不足，在工作表現上，難免生手笨拙或犯有缺失。倘若職場新人平常就能和老鳥及主管多有互動，通常，老鳥比較願意主動伸出援手予以指導與協助，即使犯有工作疏失時，主管對職場新人也會比較具有包容心。

俗諺：「伸手不打送禮人」當辦公室裡有愈來愈多的同事吃過某位職場新人的家鄉特產，無形中，已經讓他們對職場新人的印象，具有加分的作用。

日後，在工作職場裡，除了讓老鳥與主管對這位職場新人比較具有包容心之外，他們也比較有可能會將此職場新人視同自己的子弟對待，予以各方面的關照與提攜。

【第二篇】菜鳥不自愛 老鳥無奈

待人冷漠驕氣　同事孤立排擠
狗眼看人低　橫禍惹上你
排假論平等　計較起紛爭
菜鳥學油條　前途走著瞧
開會亂放砲　得罪人不少
新兵被欺負？　老兵用心良苦

待人冷漠驕氣　同事孤立排擠

小玲是畢業於公立大學的社會新鮮人，踏出校園，旋即進入一家電子家電工廠擔任財務企劃部門的行政助理，廠內員工共有五百多人，分屬於不同的部門。

在小玲所服務的部門裡，她除了遇見直屬主管與直屬老鳥會行禮問好外，看見部門內的其他同仁時，都故意視若無睹，懶得向對方微笑點頭或問好。

因業務需求，小玲時常到各部門穿梭接洽公務，在行進間與其他同仁相遇時，她也從來不向對方打招呼，臉上表情總是冷漠與自傲。如果進入其他部門時，她的眼裡僅有業務洽談者，好似把辦公室內的其他同仁當作空氣或隱形人看待一樣。

經過了一個月後，開始陸續有許多資深同仁，向她的直屬老鳥反應，提及大家對小玲的印象很差。直屬老鳥也曾私下善意地提醒小玲，要多學習尊重職場倫理與注重基本

禮節。再經過了數個星期，大家發現，小玲的態度，完全沒有一點改變的跡象，她還是我行我素、依然故我。

愈來愈多同仁，對她每次遇人總是顯露出冷漠自傲的態度已心生不滿，大夥兒在閒聊時，早已習慣使用「死人臉」來稱呼小玲。

在一次偶然的機會，小玲無意間得知，自己被同事取的外號竟然是「死人臉」，使她連續一段時日都心情惡劣，且工作情緒低落。

由於小玲缺乏對於人際互動微妙關係的敏銳觀察力，再加上她的個人主觀意識強烈，使她難以擁有深切自我反省的能力，也造成她一直感覺，自己單位裡的同事及其他部門的同仁都對她不夠友善。同樣地，她也逐漸發現，自己已經陷入被部門的同事群起孤立與排擠的困境。

結果，小玲僅僅待了四個月，就主動提出辭呈，辦理離職。

老鳥心聲：

我們遇見職場新人，原則上，都會以微笑示好，但是如果遇到職場新人撇過頭懶得看我們，或故意將我們視若無睹，經過數次後，我們當然會對這種職場新人產生很差的印象，倘若透過間接提醒，對方仍無改進，我們更會認定這種職場新人太跩、太臭屁。

因此，我們通常都會伺機修理這一種類型的菜鳥，以挫他們的銳氣，讓他們能夠體認，在職場現實的環境裡，職場新人學習尊重職場倫理及注重基本禮節，確實有其必要性。

假設菜鳥依然故我，沒有深切自我反省以改進他們的缺點，日後，我們必然會對菜鳥群起孤立與排擠，直到他們學會低調、謙虛，且開始尊重職場倫理及注重基本禮節後，我們這些老鳥才肯罷休。

剖析與建議：

職場新人在辦公室的人際關係是從零開始，不論遇見辦公室或其他部門的同仁，皆須主動向對方微笑頷首示好，或者視情況而必須向對方微笑頷首並問好。

如果非熟識的同仁先主動向職場新人問好，職場新人通常可以按照對方的用語，重複回應對方：「好！」、「您好！」、「早！」或「您早！」

按職場倫理與排資論輩，職場新人應該主動向任何一位同仁微笑頷首示好，勿抱持等同仁先向我示好，我才予以對方善意回應的錯誤想法。

筆者建議，職場新人應該學習注重基本禮節，除了可以令許多同仁對職場新人留下良好的印象以外，也可以讓職場新人在辦公室或機關裡逐漸廣結善緣，擴大了個人在職場裡的人脈資源。

筆者剛進入公家機關服務時，在單位裡認識一位年長的資深同仁，他雖然知道我以前在私人企業服務，還是好意地提醒我：「林啓文，你在機關裡算是新進人員，與大家還不熟，切記見到任何人，先微笑後開口！」當時我已經二十八歲，但是，對於人際互動的微妙關係仍然欠缺敏銳的觀察力，經過多年來在職場裡的歷練，自己已經可以利用「微笑」，將它靈活應用在人際互動的過程中，且深感獲益良多，也終於讓自己眞正地體會出「微笑」，可以發揮很大的正面效果與影響力，特別是能夠促進職場新人與老鳥及主管之間，建立良好的人際互動關係。

學習「微笑」也是一門學問，近年來，有一些機關團體或大企業，針對新進人員和在職人員的教育訓練，已開始重視「學習微笑」的課程，安排專門講習。甚至，職場潛力開發的專業機構，也有安排「學習微笑」的訓練課程，欲透過學習與訓練的過程，讓學員能夠把「微笑」靈活應用在職場人際互動中，以化解人與人之間的猜忌和誤解，進而促進職場人際互動的和諧。

最後，筆者希望職場新人能夠記住與同仁互動的兩個原則是：

一、遇見任何一位同仁皆須「微笑頷首示好」或視情況向對方「微笑頷首並問好」。

二、與任何一位同仁洽談，皆須「先微笑後開口」。

狗眼看人低　橫禍惹上你

現今社會上有不少職場新人，由於不懂尊重職場倫理及忽略基本禮節，甚至自以爲了不起作祟，有「狗眼看人低」的毛病，結果，常常因爲「有眼不識泰山」而得罪老鳥或主管，這種事例在各領域的職場中不勝枚舉。

職場新人小強在工廠擔任行政助理，工廠有機踏車棚供員工來停放，他每天都在上班前十分鐘才到達工廠。通常在這時，機踏車棚內的停車格都已被佔滿，且會有五、六位員工，因找不到車棚內的停車空間，而將機車停放在車棚外的空地上。

剛開始，阿強也和較晚到達的員工一樣，將自己的機車停放在車棚外。後來，他爲了避免自己的機車被日曬雨淋，每次都私自將每天固定停放在某一停車格內的一輛腳踏車，搬移到車棚外的空地上，再把自己的機車停進車棚內。

經過數天後，某日的下班時間，阿強發現自己的機車車牌處，被貼一張約A４大小的紙張，有人留言：「FRI601的車主，你的年終工作獎金已被扣了一半，如果仍然沒有改掉自私行爲，年終薪水領完就準備走路。腳踏車主留筆」他看完留言後，心裡存有疑慮，猜想除非是高級主管，才膽敢如此用字遣詞，但是，他認爲高級主管騎腳踏車上班的機率相當低，因此，阿強認爲應該是車主故意嚇唬他，以開玩笑的方式來表達心理的不滿而已。

隔天，阿強向資深同仁打聽車主的身分，竟然是廠長，令阿強驚愕不已，且悔不當初。

曾經有一位縣府首長，每天上下班的交通工具是一輛腳踏車，也曾聽聞有一些公司老闆與主管，騎乘腳踏車上下班。在停車棚內，難免會遇到一些職場新人患有「狗眼看人低」的心態，這種自私行爲，無論是換來一頓臭罵或被委婉規勸，最終，也會成爲同事之間茶餘飯後的八卦話題。

事實上，在很多機關團體裡，都有一些員工，喜好騎乘腳踏車上下班，當你（妳）在停車時，頂多可以試著挪移出空間，讓自己的機車停放進去，切勿將別人早已停放在棚內的腳踏車，擅自搬離到棚外，否則，很容易惹禍上身。

試想，一位職場新人，因這種自私行爲而惹惱到直腸子型的主管或資深同仁，當他們去找職場新人理論時，這位職場新人可能會面臨何種尷尬的場面，應該可以想像得出來，不是嗎？

在職場裡，有不少資深職員或工友職階雖然比初進用的社會新鮮人還低，但是，他們在職場裡的人脈資源與動員能力，卻不是職場新人所可以匹敵。

甚至，有一些公司與機關團體的低階資深職員或工友，被封號爲「地下主任秘書」或「地下司令」，爲什麼？

這表示他們有能力間接性地影響單位中的人事任用或升遷，或者是在單位外的社會人脈充沛，促使老闆、首長或主管都不得不對他們敬重三分。

例如，有政府機關首長擔心年度預算被海削，或接受質詢被挑毛病。有時候，他們都不得不放下身段，請託社會人脈充沛的下屬，出面先行幫忙打點與疏通，希望民意代表或議員在議場裡能夠高抬貴手。

在職場人際互動過程中，通常會有一些社會新鮮人，因「有眼不識泰山」或「狗眼看人低」，而得罪這些具有特殊影響力的低階資深職員或工友。結果，這些職場新人都因此而付出慘痛的代價。

即使職場新人得罪到毫無特殊背景的低階資深職員或工友，只要他們聯合其他資深員工，共同來對付職場新人，也都會令職場新人難以招架得住。

像有一位社會新鮮人，擁有碩士高學歷，通過公職考試而進入公家機關服務。他的晉用職等較單位內多數的同仁高，由於自命不凡，又不懂尊重職場倫理，無形中，得罪到許多資深職員與工友，造成這位新人被孤立與排擠，有謂「猛虎難敵猴拳」，使他日後在工作上或人際互動過程中，處處受挫。最後，迫使他不得不自己申請遷調到其他機關服務。

做事難，做人更難。這就是職場上人人掛在口邊「ＥＱ比ＩＱ重要」的道理。

奉勸各位社會新鮮人，在職場與大家互動時，要懂得尊重職場倫理及注重基本禮節，且必須擁有為資深同仁和主管服務的熱忱，如此，才能逐漸廣結善緣，進而使自己能夠與資深同仁及主管建立良好的人際互動關係。

排假論平等　計較起紛爭

小曲在台北一所大型醫院擔任護士，她的老家位於高雄縣茂林鄉，如果放假回老家，車程往返幾乎就耗掉兩天。因此，她進入醫院服務了十個月，只有回家探視父母一次，那一次三天假期，扣除搭車、等車，她眞正與家人相聚的時間僅有一天，想找老朋友碰面，時間都挪湊不出來，令她深感假期太短，來去匆匆。

農曆新年來臨前三個禮拜，人事行政局宣佈，今年公、民營事業單位有六天的年假，從星期二除夕開始放假四天，又接連周休二日共有六天的假期。小曲開始在心中盤算，這一次的年假可以利用除夕、初一與家人好好地團聚，初二探視老友，初三中午參加國中同學聚會，一想到此，她的心情變得特別輕鬆愉快，且在內心企盼這個假期儘早來臨。

數天後，醫院的醫生暨護士在年假期間的輪值表出爐，小曲看到自己輪休日期後，心情馬上跌入谷底。她被排定從除夕的前三天，即星期六開始連續放假六天，初三早上就必須回到醫院值班。

小曲如果按照輪休年假提前回鄉，大家仍然在外地上班，根本見不到老友，初二中午過後即須準備離家北上，原本期待探視老友及參加同學聚會的盤算，必然完全落空。

她發覺，住在北部的資深同事，都從除夕當天連休六天，家住中南部的資深同事，不是從除夕，就是從除夕前一天開始連休，年假安排得相當滿意，只有一些年輕資淺的護士跟她一樣，農曆新年期間須回醫院值班。

小曲打算聯合所有資淺護士一起向護理長反應，希望依公平民主原則，大家一起抽籤決定輪休與輪值，結果，沒有任何資淺者願意附和她的提議，小曲發現自己人單勢孤，只好作罷，但是仍難以抹除內心的忿忿不平。

初三，小曲被安排在小兒科門診當班，她的工作心情相當低落，進而將不滿情緒發洩在看病幼童的家長身上，大多數的家長基於不願意破壞年節氣氛，強忍著小曲的惡劣態度而不想與她發生口角衝突。

所謂「暗路走久也會碰到鬼」小曲終於碰到釘子，她遇到一位年輕的媽媽，那位媽媽等候自己的小孩看診完畢，就把小曲叫到門診室外，當眾對她破口大罵：「妳算什麼東西，剛才用那種口氣對我講話。妳要把狀況搞清楚，你們是屬於服務業，像你這種服務態度，根本沒有資格當護士，如果現在妳沒有當著大家面前向我道歉，我就讓妳吃不完兜著走，不信就試試看？」這位媽媽一罵完，引起旁邊幾位孩童媽媽的共鳴，交相指責、糾正小曲剛才的服務態度，使她變成眾矢之的，也促使她不得不向大家公開道歉。雖然小曲有向那位年輕的媽媽及大家說了幾句表示歉意的話，只是讓人感覺不出她的誠意。

「屋漏偏逢連夜雨」接連一個星期，陸續有人向醫院的護理長及院長投訴，指出小曲當天對待病患家長的惡行惡狀。院長指示由人事室進行調查，並將記錄作為年度考核之參考。

有時候，一件小事情的後續發展與結果頗令人感到意外，次年，小曲拿到的年終考績等第與其他同仁不一樣，她的考績獎金亦縮水，只領到半薪的金額。

老鳥心聲：

年輕識淺的新人，本來就需要在各方面學習低調與謙虛，且樂於多做事、多學習、多歷練，才能夠博得我們的好感。如果新人來到新單位，馬上就想享受當「一哥」或「一姊」的待遇，那我們算什麼？

有沒有想過，我們都經歷菜鳥的歷練階段，才逐漸成為老鳥。所謂「媳婦熬成婆」，意指菜鳥以後都有機會當老鳥，請職場新人稍安勿躁。如果職場新人執意要推翻單位內部的傳統運作，通常，日後的下場都會很慘！俗話說：「不聽老人言，吃虧在眼前或日後。」不信嗎？試試看。別說我們沒有警告你！

剖析與建議：

爲何資淺同仁皆不敢附和小曲提出抽籤的建議？

主要是她們不得不承認「老鳥現象」的存在及其價值，即使不認同此種運作，大多數的資淺者也不想做「螳螂當車」的蠢事。小曲拿到乙等考績，如果仍然不思自我反省，而將怒氣發洩在同仁或病患身上，日後她在工作上或人際互動過程中，鐵定會遇到更多的挫折。

社會上有一些事業單位是全年無休，也有一些工廠的生產線是一年三百六十五天，天天都在運轉。另外，有一些行業，諸如醫生、護士、警員、大廈管理員、飯店或餐廳服務人員及許多服務業的從業人員，皆會遇到年假或平常休假須輪休或排班。建議職場新人，最好尊重服務單位內部的傳統運作模式。

通常職場人際ＥＱ高的新人，都具有尊重職場倫理與注重基本禮節的認知，且在與老鳥互動時，也擁有爲大家服務的熱忱。

反之，小曲就是屬於職場人際ＥＱ低的新人，她喜歡與老鳥計較、爭利，且將不當的工作情緒發洩在病患家屬的身上，結果，碰了一鼻子灰，次年還拿到乙等考績。小曲的個案就是所謂「因小失大」、「得不償失」的最佳實例。

菜鳥學油條　前途走著瞧

公司、機關或學校，都有例行會議要舉行，有時候，員工尚須參加臨時會議或進修研習活動。常常可以看到，少數幾位年長老鳥在開會和研習時，晚進早出，甚至在出席名冊上簽名後就消聲匿跡，不再出現。

一般而言，老闆或主管對於這些年長老鳥，通常會採取睜一隻眼、閉一隻眼的包容態度。但是，有一些資淺者搞不清楚狀況，羨慕少數年長老鳥在開會時能晚進早出，而想依樣畫蘆、如法泡製。

通常，這些資淺者在他們的服務單位，很容易引起大多數的老鳥，或各部門主管心生反感。日後，這些資淺者在職場裡，很難與老鳥及主管建立良好的人際互動關係，甚至，可能會處處被老鳥找麻煩或挑毛病。

試想，資淺者參加開會或進修研習活動時，常常無故晚進早出，或藉口開溜，在會場中撐場面的許多中生代和年長的老鳥，他們的心裡會有何感受？

當然會認爲資淺者太臭屁、太囂張，甚至，有一些老鳥或主管，在日後會積極尋找機會，修理這些不懂世事的菜鳥。

或許有資淺者認爲，老鳥晚進早出不會被警告，菜鳥晚進早出就會被找麻煩，這種差別待遇不公平。如果有這種想法的資淺者，未免太天眞、完全不了解「老鳥文化」。

這一類型的資淺者，在職場裡的人際互動，很容易因小事與老鳥計較、爭利，成爲主管眼中的 trouble maker。例如，提出要求勞務平均分配、出公差採用輪流制度或抽籤、或過年期間値班，大家一起抽籤的建議與想法。但大多數識相的資淺者，都不會去碰觸一些禁忌話題，因爲他們知道，自己若提出上述建議或想法，如同擺明向眾多的老鳥開戰，日後的下場都會很慘。

資淺者如果因事延誤進入會場，或必須提前離席時，應該注意哪些小細節，才不至於引起主管與老鳥的誤會及心生不滿。

原則上，資淺者因個人私事或公務處理，而延誤出席或不得不提前離席，最好於事前或事後，向直屬老鳥、直屬主管，或活動承辦單位的主管及承辦人員，用委婉客氣的態度說明原委，以請求諒解。資淺者如能按此原則行事，必能贏得他人對自己留下良好的印象。

筆者服務的單位，曾經親耳聽聞一群資深老鳥在背後批評某位資淺者的對話。

甲老鳥首先批評：「那位菜鳥很沒有分寸，來單位不久就想當『一姊』，試試看，以後一定要讓她嘗一點苦頭。」

乙老鳥接著附和：「這位小妮子眞的有夠自目，和大家尚未建立交情就想要鬼混，這種人以後遇到困難，下場一定很慘，到時候，看誰願意幫她講話。」

丙老鳥抱怨語氣更加強烈：「我們都已經在單位待上十幾年了，參加會議或進修研習活動都不敢太離譜，想不到這位小妮子來不久就這麼混，簡直沒有把我們放在眼裡，大家看看吧！我以後一定不會給她有好臉色看。」

原來，這位年輕資淺者，在單位服務才跨入第三年，就開始喜歡在各種聚會場合打混摸魚，看在眾多老鳥的眼裡，難免對她的表現逐漸心生不滿。

大多數的老鳥對資淺者的言行看不順眼，都會先暫時「看在眼裡，記在心裡。」前述這位不識相的小妮子，以爲自己數次摸魚得逞而沾沾自喜，殊不知，單位裡有許多老鳥，早在注意她的言行表現，長期而言，在人際互動過程中，她已失去許多人脈資源與友誼而不自知。

最近，筆者到公家機關探視老同事，聽到一位年長的資深老鳥開玩笑說：「以前不懂事的菜鳥，我會在背後罵他們自目，現今遇到一些不懂事的菜鳥，我會在背後罵他們超級大自目，爲什麼？因爲，以前的菜鳥不懂事，經過指點或糾正，一點就通，且心懷感謝；現今的菜鳥不懂事，善意提醒或規勸，卻不領情，搞不好還認爲我們倚老賣老、老鳥欺侮菜鳥，唉，現在好人難當，只好讓這些不懂世事又缺乏反省能力的菜鳥，在單位裡自求多福吧！」

在職場裡，不識相的資淺者，平時比較容易受到老鳥的群起孤立、排擠，遇困難時，老鳥皆袖手旁觀，甚至，趁機扯後腿、落阱下石或打落水狗。

現今各種不同領域的職場裡，不識相的職場新人與資淺者愈來愈多，他們的言行舉止，常常動輒得咎，卻不思自我反省改進，反而怪罪老鳥喜歡挑毛病、找麻煩，當他們的人際關係已逐漸深陷危機，仍毫無察覺，這一類型的年輕人眞可悲！

開會亂放砲　得罪人不少

「我是統計室科員劉珍妮第一次發言，這個月初，我們辦公室冷氣機壞掉的當天，就有同仁向總務處申請維修，到了第四天才有工人來現場維修，使辦公室的全體同仁，連續數天工作都汗流浹背，相當難受，希望總務處能加強改進維修效率，且請你們能夠用同理心，來體會我們沒有冷氣時的工作心境。」劉珍妮在發言過程中，語氣不佳，心中不滿之情溢於言表。

發言完畢，她倒自認爲，已爲部門所有同仁出一口氣，且感到頗自豪與成就感。殊不知，按職場倫理與排資論輩，她這一次發言的語氣與態度，已經得罪到許多主管和資深同仁。

劉珍妮，二十九歲，三年前因考試分發，進入某公家機關的統計室，她自認爲在部門裡與資深同仁，已建立熟稔的關係，因此，利用機關每月一次的月務會報，趁機在會議上口頭修理總務處，應該會獲得部門同仁的支持與肯定。

會議結束後，與會人員各自回到自己的工作部門，劉珍妮走回辦公室，她剛在自己的座位坐下來不久，同一部門，有一位與劉珍妮同鄉的年長資深同仁走近她的身旁低語：「完了，妳剛才在會議上放砲，無形中已得罪了不少人，往後妳的日子會很難過。」

「眞的嗎？」劉珍妮一聽到陳阿姨這一番話，臉色遽變，心情開始緊張起來。陳阿姨開始分析給她聽，請她回想參加許多次會議，有沒有看過有人在會議上發牢騷時，口氣不佳或發飆罵人？

劉珍妮的印象中，曾經看過首長責罵某部門的主管或某項業務的承辦人員；也看過不同部門的主管，因立場不同，爭鋒相對，場面火爆；她也看過許多部門主管，責難下屬；也看過好幾位年長的資深同仁在反應事情時，情緒激動、口氣不佳。

陳阿姨再進一步問劉珍妮，請她回想是否有印象，曾經看過年輕的同仁，在會議上放砲或發飆怒罵？

劉珍妮仔細回想後，搖搖頭。

按照辦公室文化，開會時，職場新人或資淺者，即使受委屈想表達自己的感受，或有事情想建議，最好在開會之前，先請教直屬老鳥或有交情的資深同仁，把自己的想法與提議，講給他們聽，徵詢他們的高見。

原則上，老鳥都會安撫職場新人或資淺者，且會對職場新人或資淺者分析在會議上放砲的得與失，來讓他們參考。例如，為何很少看到年輕同仁敢在會議上放砲？

因為，按照職場倫理與排資論輩，資淺的員工較無資格在會議上發牢騷、發飆或怒罵，如果按捺不住而放砲，較資深的中生代老鳥和年長老鳥，會認為放砲者欠缺倫理輩分觀念，簡直沒有把他們這些資深老鳥放在眼裡。

此外，各部門主管或首長，通常會將這種不識大體的年輕人列入黑名單，因為，比較不會看狀況、易得罪人、人際關係差，且在團體中，也很容易被老鳥群起孤立、排擠，甚至，可能會變成一顆不定時炸彈，妨礙團體運作。

職場新人或資淺者只要仔細觀察，應該可以發現，每當有資深老鳥在會議上放砲，老闆或主管通常都會面帶笑容，仔細傾聽資深老鳥的心聲，並以委婉客氣的態度回應老鳥的問題，會議結束，甚至會走近資深老鳥的身旁，再一次的口頭安撫一番。爲什麼？

由於資深老鳥在單位裡服務的年資很長，人脈廣、見識多，且熟悉公司或機關裡的內部運作，因此，老鳥只要立場站得穩，在會議上常常敢直言無諱、理直氣壯，不怕得罪人。

一般而言，資深老鳥早已和各部門員工及主管建立某種程度的交情，對公司或機關的運作模式相當熟悉，且看得相當透澈，所以，各部門的資深員工或主管，對於放砲的資深老鳥比較具有包容心。

依照筆者的說明分析，讀者應該可以了解，前述劉珍妮任職的統計室，如遇冷氣機維修有延遲現象，開會時，有本錢向總務處開砲的人選，應該是統計室的資深老鳥或主管。按職場倫理與排資論輩，劉珍妮在會議上，根本還沒有發牢騷的資格，不是嗎？

職場新人或資淺者既然不適合在會議上放砲，在何種情況下，才可以在會議上發言？

當某一項討論議題，需要透過與會人員的腦力激盪（brain storm）來集思廣益，此時，如果職場新人或資淺者有不錯的 idea，就可以提出建言供大家參考。

筆者建議職場新人或資淺者在會議上發言，盡量保持委婉謙虛的態度，且陳述意見時，臉上必須保持笑容，如此，必能使各部門主管與資深同仁，對提出建言的職場新人或資淺者留下良好的印象。

在職場裡，所謂「廣結善緣者，貴人比較多。」這一句話不無道理，職場新人或資淺者，應該時時以這一句話來提醒自己，在與老鳥及主管互動，必須尊重職場倫理及注重基本禮節。日後，當職場新人或資淺者在工作上遇到困難時，出現貴人襄助的機會就特別大。

筆者提供兩種開會發言時的客套用語，讓職場新人或資淺者參考。例如「主席、各位長官、同仁大家好，我是資訊部門楊強尼第一次發言，我有一個idea，就是……不知道可行性高不高？謝謝！」、「主席、各位長官、同仁大家好，我是會計部門張凱莉第一次發言，我有一個不成熟的想法，就是……不知道可行性高不高，謝謝！」

此外，當職場新人或資淺者受不平待遇與委屈，想藉發言機會表達自己的感受，最好事先徵詢資深老鳥的意見。如果老鳥願意爲職場新人或資淺者在會議上發言反應，這是最可行的方式，因爲老鳥的輩分高、資歷夠，且說話圓融，比較不會得罪人。

如果眾多老鳥都認爲，此事不宜在會議上發言討論時，職場新人或資淺者最好聽從老鳥的建議，容忍下來，把委屈與不平，視爲在職場裡的一種學習與磨練。否則「小不忍，亂大謀。」意即菜鳥在會議上放砲，必然會得罪到許多老鳥和主管，日後，放砲的職場新人或資淺者，可能會被老鳥和主管處處挑毛病或找麻煩，甚至，會被老鳥群起孤立與排擠。

如果職場新人或資淺者，爲了逞一時口舌之快，卻在日後付出慘痛的代價，那就相當不值得。

新兵被欺負？老兵用心良苦

狀況一：

阿翰當兵前沒有正當職業，整天在外面與一群青少年鬼混，打架鬧事對他而言，如同家常便飯。每次，他都和一起廝混的兄弟以眾擊寡、以強凌弱，故十打九贏，無形中，也助長他的言行氣燄囂張。入伍後，自恃身材魁武、身上又有刺青，認爲老兵應該不敢找他麻煩。

因此與老兵互動時，態度傲慢，引起許多老兵心生不滿。結果，十位新兵中，只有阿翰在部隊就寢以後，被老兵趁黑夜蓋布袋圍毆，他怒氣難消，且不思反省，依然我行我素。

隔了數天，阿翰再度被老兵蓋布袋圍毆，之後，一些老兵常常在長官面前扯他的後腿，造成阿翰被禁足，假日不可外出，只能留營休假。

所謂「猛虎難敵猴拳」，阿翰終於屈服而面對現實，收斂自己的言行，開始學習低調與謙虛，以改善與老兵之間的緊張關係。

狀況二：

部隊某一個單位有三位新兵報到，阿和是其中一位新兵。士兵宿舍爲一開放式空間，共有四十幾位士兵分別睡在上、下鋪的床位，三位新兵皆被分配在上鋪。

有一位老兵集合他們三位，交待午休時間，每人輪流一天接聽電話，且特別交待，不可以讓電話鈴響超過三聲，否則會引起許多老兵的不爽。

三位新兵分配的床位，皆距離宿舍內的電話機具約二十來步，如果聽到電話鈴聲，想要從他們被分配床位的上鋪下來接聽電話，除非擁有輕功彈跳及飛躍的功夫，否則，根本無法在三個聲響內接聽到電話。

結果，一個星期後，三位新兵中，只有阿和被老兵趁黑夜蓋布袋圍毆。猜猜看，爲何只有阿和被找麻煩，而另外兩位新兵沒有被挑毛病？

原來，阿和第一次輪到午休接聽電話，當天午休時間有兩通電話。他原本在上舖躺臥以閉目養神，第一通電話鈴聲響起，他立即起身下床舖，且以最快的速度用快跑前往接聽電話，然而在他拿起電話筒之前，已經聲響七、八次。

阿和接聽電話完畢，欲折返自己的床位，途中發現有五、六位老兵起身坐在他們自己的床舖上，一直瞪眼怒視著他。

阿和心想，自己接聽電話的過程毫無怠惰，只因自己睡在上舖，而且床位距離電話機的位置較遠，然而，剛才老兵對阿和的敵意，讓他深感這些老兵太不通人情，且認爲自己立場站得穩，完全沒有犯錯。

第二通電話響起，阿和仍是以迅捷的動作，由上舖下床去接聽電話，結果，電話仍是聲響七、八次他才接聽到。阿和接聽電話完畢，欲轉身走回自己的床舖，發現有兩位老兵早已經站立在通道中間，且有十幾位老兵在他們自己的床舖起身坐著，每位老兵的眼光皆朝向阿和，臉上相當不悅。

其中一位站在通道上的老兵，等阿和走近身約五來步時，即用食指指著阿和嗆聲：「幹！你眞白目，這裡的規矩眞的不懂是不是？」另一位在通道上的老兵，以嘲諷的口吻接著說：「大專兵不會看狀況，書根本是白唸的，在這裡，你最好把罩子放亮一點。」

阿和感覺所有老兵對他產生敵視，擔心當面反駁兩位老兵的指責，將引起更大的衝突，因此，他不發一語走回自己的床位繼續閉目養神。只是阿和剛才被兩位老兵怒罵後，臉上呈現出相當不爽的表情。阿和當時的態度不夠低調，也讓這些老兵暫時看在眼裡、記在心裡。當天晚上，阿和就被一群老兵圍毆，這種結果應該不令人意外。

另外兩位新兵較阿和會看狀況，三天才輪值一次接聽電話，輪值當天，他們寧願犧牲午睡，站立在電話機旁待命接聽電話，不想違反長久以來，老兵規定新兵接聽電話的規矩。

每個人對於人際互動微妙關係的洞察力皆不同，三位新兵，屬阿和的洞察力最差。

狀況三：

「注意！三三二梯次的同志，用餐完畢後，留下來整理餐桌並洗滌碗盤，宣佈完畢，開動！」到了中午用餐時刻，一位值星排長宣達完畢後，原本肅靜的氣氛突然變得輕鬆活絡起來，約有二百多位士官兵，齊聚在食堂內用餐。

士官兵用餐結束，陸續離開食堂，最後，只剩下六位昨天才來報到的新兵正在擦拭餐桌。之後，有個伙食兵前來帶領這六位新兵，進入廚房支援洗滌餐具。

他們第一次看到堆積如山的碗盤時，深感驚訝，一想到要共同清洗二百多人的碗盤，每個人皆眉頭深鎖，都站在碗盤旁邊裹足不前。經伙食兵的催促，六個人亦不得不捲起衣袖，開始動手清洗。

當六個人在共同清洗碗盤過程中，阿俊一邊清洗、一邊在心中嘀咕：「簡直把我當作超人看待，一天有三次用餐就要洗三次，不累斃才怪。」他不斷地在心裡盤算，如何才可以躲開這種苦差役。

當天傍晚，士官兵在食堂都已用餐完畢，仍然可以發現，有六位新兵在擦拭餐桌，隔了不久，阿俊就偷偷地自己開溜，當伙食兵準備引領新兵進入廚房支援勤務時，發現少了一位新兵。

阿俊等到五位新兵清洗碗盤已過了半個鐘頭後，才又悄悄地出現在大家的面前，且開始向老兵掰說剛才肚子痛去上廁所，因此才延誤進來廚房洗碗盤。

老兵聽完阿俊的說明後，叫他馬上加入洗滌碗盤的工作，再暗中注意阿俊在洗碗盤的情形。老兵在觀察中發現，阿俊是抱著打混摸魚的心態在做事，他的行爲也讓老兵暫時看在眼裡，記在心裡。

隔天清晨，部隊士官兵在食堂用餐完畢，六位新兵都留下來擦拭餐桌及清洗碗盤。中午部隊用餐完畢，阿俊重施故計，仍未向老兵報備就逕行開溜。

老兵發現阿俊又不見了，其中一位新兵代阿俊向老兵說明：「阿俊說他頭痛、人不舒服，去醫務室找醫官。」這位老兵聽完後，臉色遽變，隨即在五位新兵的面前發飆式地開罵：「幹！臭卒仔，給我試試看，你們等一下等著看他的下場。」老兵要求一位新兵去醫務室或寢室找阿俊，且交待另外四位新兵，等阿俊回來，六個人一起到廚房後面的空地集合。

十分鐘後，六位新兵早已站成一排，在廚房後面的空地等候老兵。只見三位伙食老兵來勢兇兇走到他們站立位置的正前方，一位老兵對著阿俊說：「你給我站出來！」當阿俊一走出來，老兵馬上以右手掌，用力在阿俊的左肩膀推了一把，使阿俊因重心不穩，向後退了幾步才又站穩。

那位老兵仍怒氣難消地開罵：「你敬酒不喝想喝罰酒，好啊！你再把我當傻瓜試試看啊！」

另一位老兵走到阿俊的身後，用力朝他的屁股踹了一腳，造成阿俊跌坐在地上，這時候，這位老兵接著對他搭話：「聽說你很白目，最好罩子放亮一點。」

最後一位開口的老兵，也對著阿俊嗆聲：「別說我們三位老兵欺負你，是你自己太不上道。如果你很不爽，可以找我們一對一單挑，我們隨時奉陪！」

阿俊發現之前自己想摸魚的心計，都已被看穿，當三位老兵對他做出挑釁的動作與言語上的指責時，他自知理虧而不敢有所任何辯駁，且不時擺出一副很想眞誠悔改的可憐模樣，不斷地重覆一句話：「學長，我知道錯了！」

事後，老兵要求阿俊連續五天清洗碗盤時，須做兩個人的工作量，以當作一種懲罰，好讓另外五位新兵，每人輪休一天不必清洗碗盤。

狀況四：

小傑在部隊裡擔任文書兵，廚房原本有四位伙食兵，負責三百多人的飲食，其中一位老兵前天退伍，新兵報到替補尚需等候三個星期。

每遇廚房人手不足，按慣例，會調派其他單位士兵暫時支援，期間長短可能三、五天或數星期，新兵報到後，支援的士兵仍會回歸原單位。

這一次輪替支援廚房差役的單位，剛好是小傑的業務單位，八位業務士兵的服役年資屬小傑最菜。因此，業務單位的長官調派小傑前往支援廚房勤務。

臨行前，有一位老兵好意告訴阿傑，在廚房的工作內容及生活作息，與業務單位完全不同，提醒他如遇工作辛勞或困難時，把它當作是一種歷練與學習，忍耐一陣子就可以回來。

阿傑奉命前往支援廚房差役後，每天清晨三點半就必須起床，開始搓揉麵粉來製作饅頭及燒煮豆漿，這種生活作息令他很難適應。加上廚房內外的工作環境，處處充滿難聞的腥羶氣味，促使他對這一份工作更加心生抗拒。

阿傑在廚房的工作態度消極又被動，與老兵的配合度相當低，經過三位老兵先後輪流向他提出警告仍無改善。

阿傑在廚房工作第三天的晚上，就被三位伙食老兵圍毆，雖然傷勢不重，但阿傑感覺頭部被他們用拳頭捶擊了好幾下，心想，乾脆藉機會裝瘋賣傻，嚇一嚇他們。

隔天凌晨三點半，老兵欲叫醒阿傑時，發現他的臉部表情不尋常，腦袋瓜時而緩慢地向左或向右傾斜，眼神顯露呆滯，有時候瞪著老兵看，有時候把視線朝向遠處，對老兵毫不理睬，而且嘴唇一直維持時而閉合、時而微張，口水也不斷地由嘴角滴流出來。

三位老兵感覺事態嚴重，擔心毆打事件東窗事發而被長官處分，經過共同商討，決定口徑一致，對外說明阿傑睡到半夜時中邪發瘋，消息很快地就在營區裡傳開。自從阿傑裝瘋賣傻，廚房老兵不敢再叫他做繁重的工作，僅請他幫忙處理一些輕鬆簡單的雜事。

在廚房工作已經待超過三個星期了，阿傑內心深感疑惑，自己怎麼到現在還沒有被調回業務單位。再經過了數天，業務單位有一位老兵到廚房探視阿傑，且將阿傑帶引到營區內的一處草皮席地而坐，這位老兵就是阿傑支援廚房勤務前，曾經勸他凡事必須忍耐的老兵。

老兵似乎把阿傑當作正常人，對他說：「小不忍則亂大謀，你目前的情況是騎虎難下，繼續演下去吧！否則，你被發現假裝發瘋，那可會被軍法審判。唉，要小聰明也要會看狀況啊！」

老兵特別注意阿傑的反應，他仍然眼神呆滯，有時候還會不自覺地憨笑，且保持不發一語，老兵看著阿傑的表情，繼續說：「我們單位的主官已經向上層報告你發病的情形，而且爭取到一位新兵，接替你原來的職務，也就是說，回原單位的路已經斷了，你只能留在廚房，一直待到退伍。」老兵發覺阿傑聽到這裡，臉部表情突然怔了一下，這時候，老兵已心裡有數。

老兵欲先行離開前，又向阿傑做最後的提醒：「以後你自己要多保重，切記，勿與任何人起衝突，如果部隊長官一旦發現你是易怒且具有攻擊性，鐵定會把你送進軍方的精神病院做強制治療。讓你與眞正的精神病患共處一室，待久了，你不瘋才怪！」老兵一說完，面帶微笑，且輕拍阿傑的肩膀兩下，便逕自轉身離開。

阿傑仍然不發一語，看著老兵逐漸遠離的同時，內心卻震驚不已，且在自己的心中不斷地吶喊：「完了，怎麼辦？怎麼辦？怎麼會演變成這種地步！」

阿傑繼續留在廚房工作，老兵仍然安排一些輕鬆簡單的雜事讓他處理，部隊裡每一位士官兵，都視阿傑爲怪人，從他裝瘋賣傻開始，沒有人聽他講過半句話。這一齣自導自演的戲，一直演到阿傑退伍返鄉後才結束。

老兵心聲：

我們不會主動去找新兵的麻煩，除非新兵做事不夠賣力、喜歡摸魚，經過警告、糾正後，毫無誠意改進，且態度不佳時，我們就會找機會修理這種不上道的新兵。

剖析與建議：

近年來，軍中管理漸趨民主化，軍方也三令五申，禁止老兵欺侮新兵。雖然，現今的電視新聞或報紙，針對部隊老兵欺負新兵的報導仍時有所聞，但是，類似事件發生的數量與昔日相比，已減少許多。只是現今媒體經營者，喜歡將部隊極少數的個案，當作新聞事件來處理，很容易讓人誤認軍中暴力管教仍是一種普遍的現象。

事實上，即使現在，老兵在部隊中的影響力還是很大。如果新兵目中無人、喜歡摸魚、愛擺臭臉或不注重基本禮節，老兵仍然有辦法透過各種方式，來修理或惡整不上道的新兵。

昔日，部隊的新兵不上道，通常，老兵會直言糾正或警告，如果新兵毫無誠意改進，老兵則會明目張膽教訓這些新兵，當新兵自知理虧，又不想被老兵群起孤立與排擠，通常十之八九被教訓過的新兵，都會開始學會低調、謙虛，以調整自己與老兵之間應對進退的態度，逐漸融入軍中生活。

今日，部隊的新兵不上道，老兵仍會直言糾正或警告，如果新兵的態度毫無改善，老兵可能會在技術或業務傳授過程中保留一手，甚至，聯合其他老兵透過各種方式，對新兵進行孤立與排擠，為什麼？

因為軍中的申訴管道較以往暢通，現今大多數新兵的抗壓力很差，自身又缺乏反省能力，動不動就喜歡申訴或威脅要自殺，老兵只好與新兵打一場長期性的「隱形戰爭」，以懲罰這些不上道的新兵。

目前軍中老兵毆打新兵的事件，較昔日減少許多，這幾年，經由媒體揭發老兵毆打新兵的新聞，僅能算是少數的個案。

絕大多數的部隊老兵與長官，都是是非分明，不會無緣無故找新兵的麻煩，除非新兵自己不夠上道。眾多老兵中，喜歡無緣無故對新兵佔便宜或挑毛病者，僅佔極少數，如果新兵自己不幸遇到這一類型的老兵，怎麼辦？

不要緊，仍舊秉持肯做事、虛心求教及注重基本禮節，期待日後這位老兵在態度上的轉變與接納；假設這位老兵態度毫無改善，且有變本加厲的現象，怎麼辦？

這時候，新兵可以視情況，向輩分高，且富有正義感的老兵求援，懇請出面幫忙打點，或向直屬長官反應，甚至，透過正式申訴管道向上級投訴。

建議年輕人入伍成爲新兵時，心中必須牢記幾句基本待人處事的座右銘，即「多做事情，少講話。」、「禮多人不怪」、「擁有爲大家服務的熱忱」、「面容笑，勤點頭，勤問好，身段柔。」這四句話，只要新兵能夠仔細去了解這幾句話的用意，並且靈活應用在部隊的人際互動中，必能博得老兵與長官的好感，進而使新兵能夠與老兵及長官，建立良好的人際互動關係。換言之，如果新兵能夠懂得尊重軍中倫理及注重基本禮節，且擁有爲大家服務的熱忱，必能贏得老兵與長官良好的印象。通常，也會促使他們願意將新兵視同自己的子弟對待，予以各方面的關照與提攜。

【第三篇】

恪遵禮儀 應對得體

聽明新人　笑臉迎人

一天的第一次見面要問好

招呼稱謂　上下有別

長輩說話　起身恭聽

公共空間　禮讓前輩

OA電話　新人來接

新人長輩在　同事代接電話

請託職務代理　講好再申請

新人考績的不成文規矩

謹遵宴席禮儀　敬酒很隨意

參加公祭公差　新人責無旁貸

新兵待人處事　謹守幾句座右銘

聰明新人　笑臉迎人

假設職場新人在辦公室或各部門之間的走道行進，從來不會主動向資深同仁微笑頷首示好，通常，很容易令資深同仁產生反感及看不順眼。剛開始，相遇的前幾次，大多數的資深同仁，都會禮貌性地向每一位職場新人微笑示好，看看是否能夠獲得善意的回應，如果對方的反應仍然冷淡，表情流露冷漠高傲，日後相遇，將促使資深同仁視這種職場新人如同爲隱形人，當某位職場新人在人際互動中，成爲許多資深同仁的拒絕往來戶，這位職場新人必然也會在工作上或業務接觸過程中常常碰釘子，且處處受到資深同仁的刁難與挑毛病。

有謂「新人沒有擺臭臉的本錢」這一句話，在職場人際互動中很容易獲得應證。例如，有許多資深同仁皆發現某一位職場新人與他們相遇，總是擺出一副臭臉，不會主動先向他們微笑頷首示好，一般而言，這些資深同仁會認定這位職場新人太跩、太臭屁，也顯示出這位職場新人，不懂尊重職場倫理及忽略基本禮節，同時，也代表此新人對職場裡的老鳥文化認識不深。通常，這些老鳥會透過他們在單位中的人脈與影響力，伺機修理這位不上道的菜鳥，以挫這位菜鳥的銳氣。

倘若職場新人連續好幾次遇到某一位資深同仁，且都有主動向對方微笑頷首或問好，結果，這位資深同仁每一次的反應皆冷淡，只對職場新人瞄一下，依就擺出一副臭臉，怎麼辦？

筆者建議，職場新人遇到這一類型的資深同仁，未必需要開口問好，但是，至少仍保持微笑頷首，當作是與對方相遇時的打招呼方式。雖然對方反應冷淡，只要對方都有發現職場新人微笑頷首的禮節，也會讓這一類型的資深同仁，逐漸感受到某位職場新人一直對他（她）頗敬重，進而對這位職場新人留下良好的印象。

有少數資深同仁，因個性原因，與同事相處熟稔後，早已忽略一些基本禮節，由於這些資深同仁在單位待久了，大家都已習慣他們的行事作風。但是，如果職場新人與資深同仁相遇時，都懶得主動向資深同仁微笑頷首示好，剛開時，相遇的前幾次，大多數的資深同仁都會先禮後兵，看到職場新人先禮貌性地微笑，如同在向對方示意「菜鳥，再給你（妳）一次機會，否則以後看著辦。」結果，現今大多數的職場新人都無法洞察出資深同仁的暗示與警告，仍舊不理不睬，如此，將引起許多資深同仁對這些不識相的職場新人心生不滿，認為職場新人來單位不久，就開始擺出一副跩模樣，造成大家對這一類型的職場新人留下惡劣的印象。

當單位裡有許多資深同仁，共同認定某一位職場新人很跩，又喜歡擺臭臉，這位職場新人無形中，已樹立了許多敵人尚不自知。

試想，為什麼某一位職場新人在工作上遇到困難，許多老鳥都願意主動伸出援手，即使這位職場新人犯有工作缺失，老鳥也都願意包容，甚至為了這位職場新人向上司求情、講好話，希望上司能夠通融彈性處理？

反之，某一位職場新人在工作上遇到困難或犯有工作缺失，沒有老鳥願意伸出援手，更甚者，有一些老鳥還會趁機對這位職場新人落井下石及打落水狗，為什麼？

主要的關鍵在於——職場新人平時在工作單位裡，是否有廣結善緣，進而影響到老鳥，決定以何種態度來對待職場新人。

建議職場新人在工作單位裡，須把自己的脖子放軟，身段放低，與每一位同事互動時，應該保持謙恭有禮，這才是職場新人在工作單位裡正確的待人處事態度。

一天的第一次見面要問好

職場新人與資淺者早上進入辦公室，看到資深同事或主管，應該主動向對方問好。即使職場新人與資淺者較資深同事或主管早進入辦公室，看到他們陸續進入辦公室，亦須主動向他們問好。

或許職場新人與資淺者會有所疑問，如果對方的座位不是在自己座位的附近，而是距離自己的座位約有十來步，也要問好嗎？

原則上，距離自己五至十來步，皆須向對方問好，除非自己正與資深同仁或主管在交談，且交談者的職階與輩分高於剛進入辦公室的同仁，此時，職場新人與資淺者可以暫時不必打招呼，若恰巧與剛進入辦公室的同仁有視線交集，可以用微笑頷首向對方示意，對方即可以感受到職場新人與資淺者的細心有禮。

如果交談者的職階與輩分，比剛進入辦公室的同仁或主管低時，職場新人與資淺者，應該先主動向剛進入辦公室的同仁或主管問好或微笑頷首示意，再繼續原本進行中的交談。

假設職場新人與資淺者，提早於上班時間前半個小時就到達辦公室，之後，陸續有資深同事或主管進入辦公室，他們座位的位置距離職場新人與資淺者約有二十來步，需要問好嗎？

如果辦公室已有不少人，而兩人碰巧有視線交集時，職場新人與資淺者可以起立向對方微笑頷首示意，短時間內，若有走近他們的座位附近，可以趁機向他們問好。

如果當時只有二、三位同事在辦公室，個性外向的職場新人與資淺者，可以起立向對方大聲問好；個性內向的職場新人與資淺者，則可以走近資深同事或主管身旁，再向對方問好。

現今大多數的職場新人與資淺者，都有一種錯誤的觀念，他們認爲，早上與資深同事或主管第一次見面時間是十點或十一點，已超過早上「問好」的時機，因此，在各機關團體的辦公室裡，常常可以看到一種情景，就是職場新人與資淺者因洽公或私事處理後，於十點或十一點才進入辦公室，直接悶不吭聲入座處理公文與業務，將鄰座的資深同事當作隱形人一樣，無視於他們的存在。

原則上，一天當中，職場新人與資淺者第一次遇見資深同事或主管時，一定要打招呼問好，否則會令資深同事或主管有不受尊重的感覺，如果第一次見面的時間已超過早上問好的時機，那就是一般時間見面問好的時機，切記。

例如，有一位資淺者通常在早上九點前後遇見資深同事張先生時，都會面帶微笑主動向對方打招呼：「張先生，您早！」或「張先生，早！」如果一天當中，第一次與張先生相遇時間已超過十點以後，這位資淺者仍然保持笑容，主動向對方問好：「張先生，您好！」或「張先生，好！」倘若職場新人與資淺者都能夠注意這些人際互動的基本禮節，必然能在職場裡與老鳥及主管建立良好的人際互動關係。

同樣地，當職場新人與資淺者早已在辦公室，到了十點以後，甚至在下午上班時間才第一次看到鄰座的資深同事走進辦公室，當這位資深同事走近自己的辦公桌或正準備坐下時，職場新人與資淺者應該主動向對方問好。

即使職場新人與資淺者因洽公離開辦公室十分鐘，離開前，有一位鄰座資深同事還沒來，等洽公完畢回辦公室，發現這位鄰座資深同事已在自己的座位上處理公文，因爲這是一天中第一次見面，職場新人與資淺者，仍須主動向這位資深同事問好。

此時，如果面帶微笑說：「吳小姐，您好！」或「吳小姐，好！」以表示對老鳥的敬重，大多數的老鳥對於能注重小細節的職場新人與資淺者，都會留下相當良好的印象，所以，當這些職場新人與資淺者在工作或其他方面遇到困難時，老鳥比較願意主動伸出援手，予以協助與關照。

此外，職場新人與資淺者尚須注意下班時，向資深同仁或主管打招呼說「再見！」的基本禮節。

大多數的職場新人與資淺者，下班欲先行離開時，鄰近的資深同事尚在處理公務或與其他同仁聊天，他們都懂得向資深同事打招呼說「再見！」才離開辦公室。但是，如果職場新人與資淺者欲先行離去時，發現鄰座資深同事在離自己約二十來步與另一位同事在聊天，是否需要走近打招呼說「再見！」才離去？當然需要，可是大多數的職場新人與資淺者，都沒有察覺到這種人際互動的微妙關係。

原則上，職場新人與資淺者，發現鄰座資深同事在二十來步遠或在隔壁的茶水間清洗茶具時，皆須特地走向他們，面帶微笑地說：「劉小姐，我先走了，再見！」

可惜，現今的職場新人與資淺者，只有少數人會去注意這些人際互動的基本禮節。

爲何要提醒職場新人與資淺者必須注意這些人際互動的基本禮節？

因爲，在職場裡，當老鳥發現職場新人與資淺者忽視這些人際互動的基本禮節時，絕大多數的老鳥，會認定職場新人與資淺者對他們的尊重僅是表面功夫，不算是眞心誠意。如此，老鳥就不可能將這一類型的職場新人與資淺者視同自己的子弟而加以關照與提攜。

同理心，如果你（妳）是職場老鳥，甲資淺者對你（妳）的尊重，很容易讓你（妳）感受到他（她）的眞心誠意；乙資淺者對你（妳）的尊重，讓你（妳）感受不到他（她）的眞心誠意，當這兩人先後分別在工作上遇到困難向你（妳）尋求支援時，你（妳）爲他們付出的心意程度會一樣嗎？

大體而言，多數的老鳥會盡全力幫忙甲解決困難，對於乙，多數老鳥的作法可能都會藉詞推託，故意讓乙嘗一點苦頭，感受人情的冷暖。

走筆至此，如果讀者已經能夠體察與瞭解，注重人際互動的基本禮節，除了可以讓職場新人與資淺者在職場裡廣結善緣之外，也使他們在職場裡比較容易獲得貴人的襄助，那表示讀者的職場人際ＥＱ有所提昇了！

招呼稱謂　上下有別

職場新人在工作單位，遇見主管打招呼，或與主管做業務接觸時，僅可以稱呼對方的職稱，例如「股長，您早！」、「課長，您好！」、「科長，昨天那一份文件……」、「主任，可不可以……」、「處長，向您報告有關……」

當上級主管遇下屬或兩人職稱一樣時，通常會在職銜前面加上對方的姓才稱呼，例如有兩位科長互相打招呼或業務接觸時，通常以「林科長，早！」、「張科長，有一份資料……」互稱對方，另外，總經理或機關首長稱呼下屬，常常可以聽到「尤經理」、「梁主任」、「林處長」、「吳科長」、「陳專員」等稱謂。

職場新人在稱呼非主管的資深同事時，最易犯錯，例如在老鳥的姓名後面加上「先生」兩個字，直呼「陳強尼先生，這一份資料……」、「劉珍妮小姐，剛才有一通電話……」這種稱呼方式讓老鳥感覺不受職場新人的尊重，很容易使老鳥對職場新人產生反感及留下不好的印象。

有些職場新人認為，老鳥都直接喊叫我們的姓名，我們在老鳥的姓名後面，加上先生或小姐以示尊重，不行嗎？

當然不行，按職場倫理與排資論輩，老鳥可以直呼職場新人的姓名，而職場新人萬萬不可直呼老鳥的姓名，即使後面有加「先生」或「小姐」兩個字。例如學校資深教師直呼新進教師姓名「陳約翰」、「謝偉恩」，結果，有一些不懂輩分分際的新進教師，竟然直呼資深教師的姓名「王強森老師」、「李安迪老師」。

通常，老鳥聽到職場新人直呼其姓名，會認為職場新人目無尊長及欠缺倫理輩分觀念。直腸子型的老鳥對於職場新人的回應，可能是講話口氣不友善，或擺出一副很不爽的表情；含蓄型的老鳥對職場新人的回應，可能還是面帶笑容說話，只是在內心裡也可能同時在暗批：「這麼白目，竟敢直呼我的姓名。」

到底職場新人應該如何稱呼沒有主管頭銜的資深同事？

職場新人對於男性的資深人員，通常以「林先生」、「莊先生」、「陳老師」來稱呼對方；如果是女性的資深人員，則以「吳小姐」、「林小姐」、「蔡老師」來稱呼對方，但是，當職場新人發現，有些同事稱呼某一位年長的資深人員爲「黃阿姨」或「黃媽媽」時，職場新人就可以跟隨他們一樣，稱呼對方爲「黃阿姨」或「黃媽媽」。

諸位職場新人可以仔細觀察一種現象，當一位吳姓年長老鳥，向另一位林姓中生代老鳥直呼其姓名「林大衛」時，這位林姓中生代老鳥敢直呼對方的姓名嗎？

當然不敢，按資歷與輩分，中生代老鳥只能稱呼對方爲「吳先生」，且態度必須顯露出謙恭有禮。

通常，大多數年長或中生代的老鳥，喜歡直呼職場新人的姓名，而職場新人絕對不可以直呼他們的姓名，切記！

由前述可以得知，職場新人對於資深人員及主管的稱呼不恰當，很容易引起資深人員與主管，對職場新人產生反感及留下不好的印象。

因此，職場新人在工作單位與資深人員及主管互動，選擇使用稱呼時，必須相當謹愼小心。

長輩說話　起身恭聽

「唉！現在的年輕人有夠白目，你們看那一位黃大衛，科長走到他的辦公桌旁與他交談，竟然坐在座椅上，不會站起來講話。」蔡先生與兩位資深老鳥在辦公室閒聊，無意中看到不遠處，科長和職場新人黃大衛正在談論公務，突然有感而發，感嘆現今大多數的年輕人，都不懂尊重職場倫理及忽略基本禮節。

「那一位哦！我因業務與這小子談過幾次話，也是如此，剛開始，我很不能接受。那時候，感覺自己很不受尊重，因此對他很感冒，可笑的是，後來發現，連司長與他交談，這小子依然坐在座椅上，動也不動，穩若泰山，看到這一種情景，我就完全輸給他了。原來這小子都一視同仁，不分職階、資歷及輩分，誰去找他講話都一樣。這小子在待人處事方面的遲鈍反應，如果是用『白目』二個字尚不足以形容，應該可以在『白目』

前面再加三個字會更貼切，就是『超級大白目』。」謝先生年今年四十六歲，在單位裡服務年資已有二十年，他兼用自嘲與嘲弄對方的語氣，陳述自己和這位年輕人接觸的親身經驗。

最後才抒發己見的是馮先生，現年四十八歲，服務年資已有二十幾年，他似乎與另兩位「英雄所見略同」，也藉機會發牢騷：「這些年輕人，眞他媽的，腦袋瓜裡不知道裝了些啥東西，這麼不會看狀況。也不會自己想一想，在職場裡，他們是樣樣不懂，處處需要靠別人幫忙，憑什麼資格擺出一副跩不啦嘰的模樣，眞是的！」他的語氣，很明顯地表露出對現今大多數年輕人的不滿。

以上是三位服務公職資深老鳥之間的對話，顯露出現今大多數的年輕人，欠缺職場倫理的觀念和基本應對進退的能力，也道出了職場裡的資深老鳥對菜鳥的表現，感到相當不滿意的心聲。

目前在私人企業、公家機關或學校，資深老鳥常常會遇到不懂尊重職場倫理及忽略基本禮節的年輕人，資深老鳥會如何應對？

有些老鳥會不客氣地直接指正菜鳥的缺失，要求對方改進；有些老鳥則採取間接委婉的態度提醒；也有一些老鳥會向主管反應，請主管藉機提醒或指正；但是，大多數的老鳥都是「看在眼裡，記在心裡。」

菜鳥如果遇到「看在眼裡，記在心裡。」的老鳥最吃虧，因為菜鳥早已得罪人尚不自知。

在職場裡，有一些資淺者已在單位服務三、五年了，從職場新人至今，長期受到老鳥群起孤立與排擠，他們卻仍然搞不清楚，自己為何很難獲得資深老鳥的認同與接納，也因此，一直無法與資深老鳥建立良好的同事情誼。

像在學校單位，大多數的資深教師，是屬於「看在眼裡，記在心裡。」這一類型的老鳥，沒有人願意扮黑臉，出面指正或提醒新進教師和資淺教師，必須學習尊重職場倫理及注重基本禮節，卻又很喜歡在群聚閒聊時，背後批評看不順的教師。

事實上，近幾年來，各級學校的資深教師，對於大多數的新進者和資淺者，因不懂尊重職場倫理及忽略基本禮節所產生內心的不滿，愈趨普遍化，造成這種現象的主因，是現今大多數年輕教師的職場人際ＥＱ太低，且自我意識高漲。

筆者服務的學校，常常可以發現資深教師或主任走近新進教師或資淺教師的辦公桌旁與他們交談，十之八九的年輕人，仍然坐在他們自己的座椅上，皆不會想到必須自動起立以示尊重對方。

這種情景看在一些資深同仁的眼裡，逐漸對這些年輕人產生反感及看不順眼。曾經親聞一位同事在閒聊中批評：「年輕人剛開始不懂尊重職場倫理及忽略基本禮節尚可原諒，日後，只要細心觀察與虛心學習就會有所改善。最糟糕的是，他們不懂又吝於請教別人，且自身又缺乏對於人際互動微妙關係的敏銳觀察力，因此，毫無自我反省的能力，唉！這些年輕人眞可悲。」

這位資深教師的批評並未言過其實，例如在辦公室裡，每當年長資深教師走到中生代資深教師的辦公桌旁欲談事情，中生代資深教師都會立即起立以示尊重對方；每當主任或校長走到年長與中生代教師的辦公桌旁，他們也都會立即起立以示尊重對方，難道新進教師和資淺教師都視而不見嗎？或者只是將這種人際互動的應對進退視為舊思維的繁文縟節，認為自己不屑如此客套？

果眞如此，這一種類型的新進教師和資淺教師，必然很容易讓資深教師與主管產生反感及看不順眼，使他們很難與老鳥及主管之間，建立良好的人際互動關係。

通常，這些年輕人都缺乏對於人際互動微妙關係的敏銳觀察力，因此，當他們在職場裡已逐漸陷入人際關係的危機中，大多數者仍然不自知，可悲啊！

在不同領域，愈來愈多的職場新人，因不懂尊重職場倫理及忽略基本禮節，而不斷得罪老鳥及主管尚不自知，日後，這些職場新人在工作上遇到困難或犯有工作疏失時，通常，老鳥都會採取袖手旁觀的態度，甚至，有些老鳥會趁機對職場新人扯後腿、落井下石及打落水狗，以挫職場新人的銳氣。

筆者建議，機關對於每一年度的新進人員，應該進行「職場倫理」的教育訓練，聘請講師講述新進人員與資深同仁及主管的相處之道等相關主題，且課程中可以安排模擬角色扮演的話劇或影片的觀賞，讓新進人員更能深入了解，在職場人際互動過程中，除了必須學會尊重職場倫理以外，尚要注意哪些基本禮節。

如果新進人員的人數不多，機關首長可以舉行座談會或個別約見新進人員，提醒他們在與同仁及主管互動時，必須注意的一些事項。

公共空間　禮讓前輩

筆者有一次和朋友在貓空喝茶聊天，閒聊時，有一位在銀行服務的張先生，提及自己服務單位裡，愈來愈多年輕人，毫無倫理輩分觀念，且缺乏應對進退能力，令他印象深刻、感慨良多。

此話題一開啓，其他的聚會朋友似乎與張先生一樣感同身受，每個人都談及在自己服務單位的親身經歷，大家聽完後，皆苦笑搖頭嘆息，爲現今大多數的年輕人，不懂尊重職場倫理及忽略基本禮節，而感到可悲。

張先生現年五十三歲，已有二十幾年的職場資歷，在他上班地點的男性廁所，因空間不大，只有一套洗手台。

昔日，張先生如果遇有年輕人正在使用洗手台，只要他走到年輕人後面排隊等候，年輕人一察覺後面有人，都會馬上回頭客套一番，面帶笑容地說：「抱歉，我馬上就好。」，或「張先生，先讓您使用。」但現今，愈來愈多的職場新人與資淺者，都忽略這種人際互動的基本禮節。

每當張先生站在年輕人的後面等候，他們常視若無睹，如果對方佔用時間不長，張先生尚可以包容；但是，就是有一些年輕人相當不上道，讓張先生苦等很久，惹惱他當場破口大罵。

他說這種年輕人就是欠罵欠修理，只要被他罵過的年輕人，日後見到他都畢恭畢敬，變得懂事有禮貌。

他自嘲，教會那一些年輕人懂得做人的道理，也算是功德一件，只是自己也損失慘重。意指多年來的修身養性，在這幾年全被那一些年輕人搞到破功。聽完張先生的陳述，大家笑到前俯後仰，其中有一位朋友笑稱，現今的年輕人是專門來考驗職場老鳥的修養功力。

原則上，職場新人與資淺者在使用廁所的洗手台，或在茶水間沖泡茶水、清洗便當盒、削水果時，發現後面有資深同仁在等候，皆必須馬上回頭客套一番，否則，很容易讓資深同仁留下不好的印象。

但現今大多數的年輕人認爲，先到者先使用，合情合理，不認爲還需要客套一番。因此他們的想法與言行，常常因爲欠缺尊重職場倫理及忽略基本禮節，使資深同仁及主管對他們心生反感，造成這一類型的職場新人與資淺者，在職場裡很難與資深同仁及主管建立良好的互動關係。

此外，職場新人與資淺者在搭乘電梯，亦應注意一些細微禮節。例如，和主管或資深同仁一起等候電梯，當電梯門一開啓，職場新人與資淺者，應該禮讓主管與資深同仁先走進電梯，之後，才跟隨在他們後面進入電梯。進入電梯後，除非已經有人站在操控按鈕旁服務，否則，職場新人與資淺者，應該站在操控電梯樓層的位置，爲主管與資深同仁服務。

如果大家都是準備搭乘電梯到同一層樓，當共同搭乘者才三、五人時，樓層一到達，職場新人與資淺者，仍必須禮讓主管與資深同仁先走出電梯。

當共同搭乘人數很多，造成電梯內相當擁擠，樓層一到達，有時候，會迫使職場新人與資淺者，不得不較主管與資深同仁先走出電梯時，應該馬上用手按住電梯門的彈簧裝置，面帶笑容示意主管與資深同仁可以從容走出來，等他們都走出電梯後，職場新人與資淺者才可以跟隨在他們後面，朝各部門或辦公室的方向走。

倘若主管與資深同仁搭乘電梯的樓層，較職場新人與資淺者先到達，當他們準備走出電梯時，職場新人與資淺者，應該用目送並微笑頷首表示敬重對方。

如果搭乘這一班電梯剛好人數很少，建議職場新人與資淺者可以附加一句話，例如「經理再見！」、「處長再見！」、「主任再見！」、「劉先生再見！」或「吳小姐再見！」。

假設職場新人與資淺者搭乘電梯的樓層先到達，應該在樓層到達的前幾秒鐘，就必須開始試圖目視主管與資深同仁，發現自己與他們的視線有所交集時，馬上微笑頷首，示意自己欲搭乘的的樓層將到達。

如果搭乘這一班電梯剛好人數很少，仍然建議職場新人與資淺者可以再附加一句話，例如「司長再見！」、「科長再見！」、「課長再見」、「陳先生再見！」或「張小姐再見！」

在洗手間、茶水間或電梯間，雖然職場新人與資淺者使用這些小空間的時間都很短，卻隱含許多人際互動的微妙關係，當職場新人與資淺者完全忽略基本禮節時，頗易使主管與資深同仁對職場新人及資淺者產生反感，且在心中暗批：「這小子，簡直把我當作隱形人，好，給我試試看。」或「這小丫頭，眼睛長在頭上，目中無人，以後一定要讓她嘗一點苦頭。」

反之，當職場新人與資淺者，在前述各種小空間裡，能夠注意到人際互動的基本禮節，通常，會讓主管與資深同仁對他們留下良好的印象，並在心中讚譽：「這位年輕人很不錯，擁有倫理輩分觀念，且態度謙恭有禮，以後有機會值得關照與提攜。」或「這位小妮子很懂事，擁有倫理輩分觀念，且態度謙恭有禮，以後有機會值得關照與提攜。」

一般而言，職場新人與資淺者都是屬於年輕識淺、工作經驗不足者，因此，在工作上，常常需要依靠主管與資深同仁的教導與協助。建議職場新人與資淺者，應該學習尊重職場倫理及注重基本禮節，並且樂於爲主管與資深同仁服務，如此，才能讓他們對職場新人與資淺者留下良好的印象。日後，他們會比較願意將職場新人或資淺者視同自己的子弟看待，進而對職場新人或資淺者在工作上予以各方面的關照與提攜。

OA電話　新人來接

狀況一：

小玫是年輕的新進教師，身處學校裡空間最大的辦公室，大約六十位教師齊聚一堂，在這一間辦公室裡，僅設置三支電話，她的座位距離最近的電話位置約十來步。

每當電話鈴聲響起，都響了很久，才會看到有資深教師起身接聽電話。有時候，一些資深教師在前往接聽電話前，會露出不悅的表情，朝小玫狠狠瞪了一眼。

她心想，至少有四、五位教師的座位，距離電話才三、五步，算距離，應該還輪不到自己要跑去接聽電話，不是嗎？

狀況二：

小陳是一間私人企業公司的新進人員，辦公室早已OA化，二十幾位員工的辦公桌上，都有裝設一支電話，每一支電話都具有代接及轉接的功能。

他發現，每當遇到員工不在的座位有電話鈴聲響起，該座位鄰近的資深同事，不是仍然埋首處理公文，就是繼續他們的聊天，或者各自看他們的報紙，等到電話聲響了很久，變成一種噪音時，鄰近的資深同事才肯按接電話。

這種現象令他深感不解，為何電話聲響了很久，鄰近的資深同事才肯按接電話？

老鳥心聲：

這些職場新人真的很不上道，竟然以距離遠近來判斷誰應該接聽電話，莫非想逼我們這些老鳥在辦公室裡當「萬年小弟」或「萬年小妹」？好啊，等著瞧！

❦剖析與建議：

每一位老鳥在他們年輕資淺時，都曾經爲資深前輩服務過，且視勤接電話，爲一種願意虛心求教及尊重前輩的基本表現，希望讓老鳥對他們留下良好的印象，進而期望老鳥在工作指導或經驗傳承時，能夠傾囊相授。

建議職場新人在辦公室裡，應該勤於按接電話，且須動作快、態度佳。通常，職場新人在辦公室裡熱心服務一些時日後，都會有意想不到的收穫。

例如：當職場新人在工作上遇到困難，或有業務疏失時，老鳥比較可能願意主動對職場新人伸出援手，予以指導與協助。甚至，爲職場新人向上司求情，讓職場新人獲得較輕微的懲處，或免除處分。反之，職場新人以距離遠近來判斷自己不必接聽電話，很容易引起眾多的老鳥，對職場新人產生反感及看不順眼。日後，職場新人在工作上遇到困難，或犯有業務疏失時，所有的老鳥可能會採取袖手旁觀的冷漠態度。甚至，有一些老鳥會趁機扯後腿及落井下石，故意讓職場新人陷入四面楚歌的處境。

所以職場新人在辦公室裡，最好學會低調與謙虛，且擁有爲大家服務的熱忱態度。

像勤於接聽電話，是職場新人與資深老鳥之間，建立良好互動關係的捷徑之一。

如果職場新人懶得接聽電話，反而都由資深老鳥來接聽，往後，職場新人在辦公室的日子，必然不好渡過，可能會在各方面處處受到老鳥挑毛病或找麻煩，甚至，被老鳥群起孤立與排擠。

新人長輩在　同事代接電話

阿德進入公家機關已半年多，他一直謹記父母的提醒，知道新人要多學習、多主動。針對在辦公室裡「勤接電話」這一項，他自認爲做得不錯，但是，他感覺大多數的老鳥並沒有給他善意的回饋。

每當阿德的學弟、學妹，或同事來找他聊天及談事情，遇電話聲響，起初幾次，阿德附近座位的資深老鳥，都會幫忙阿德接聽電話。後來，每遇電話聲響時，阿德附近座位的資深老鳥，卻完全不動聲色，任由電話聲響了很久，迫使他不得不暫時打斷談話，然後，擺出一副心不甘、情不願的表情，跑去接聽電話。事後，他自己還一直感到忿忿不平，認爲這些老鳥太不夠意思！

老鳥心聲：

小子！去接聽電時，別擺出一副大便臉讓我們看，你還要學習的東西太多了。通常，我們會看狀況來幫忙職場新人接聽電話，例如主管、輩分較高的資深人員，或父母長輩來找職場新人談話時，基於倫理輩分的尊重與考量，我們就會主動幫忙接聽電話，不會讓職場新人因分心去接聽電話，而打斷他們的談話。

剖析與建議：

職場裡，受排資論輩及職階的影響，形成上屬與下屬、資深者與資淺者、年長者與年輕者之間的一種人際互動關係。

當來訪者是平輩，或比職場新人的輩分低者，遇電話聲響，職場人際ＥＱ高的新人，會立即向來訪者說一聲「抱歉！」就馬上跑去接聽電話，接聽電話完畢後，再折返，以繼續與來訪者的談話。

偶而，遇到老鳥搶先一步幫忙職場新人接聽電話，職場人際EQ高的新人，都會馬上向對方微笑頷首，並說：「謝謝您！」，或事後才去向剛才幫忙接聽電話的老鳥致謝，此時，可以面帶微笑說：「林先生，謝謝您剛才幫我接聽電話。」，或「林先生，我剛才忙著講話，來不及接聽電話，謝謝您！」通常，老鳥看到職場新人如此上道，且謙虛有禮貌，都會很客氣地笑著回答：「哪裡！哪裡！小事一樁。」，或「不客氣，我知道剛才你在忙！」無形中，老鳥對這位職場新人已留下良好的印象。

反之，EQ較低的新人，因無法洞察接聽電話，也有隱含職場倫理的學問存在，造成了職場新人誤認老鳥不夠意思，內心一直忿忿不平；而老鳥則認爲職場新人不夠上道。長久下來，老鳥將逐漸對這位職場新人產生反感及看不順眼。

請託職務代理　講好再申請

「柯先生，我星期五要請一天事假，麻煩您在職務代理欄簽名。」小涵態度客氣地向這位資深老鳥說明自己去找科長請假，已經先獲得科長口頭上的同意。

柯先生一看到小涵直接把請假卡放在他的桌面上，原本輕鬆悠閒的態度馬上轉變成不悅的表情，他坐在座位上不發一語，且睥睨站立在桌旁的小涵，隔了半晌，他還是拿起筆在職務代理欄簽上自己的姓名，只是簽完姓名後，口氣很差對著小涵警告：「我先聲明，下一次妳如果要請假，先來跟我打一個照面，確認我可以擔任妳的職務代理人，才去找科長，不可以假卡拿過來要我簽名，我才知道妳要請假，知不知道？」

「柯先生，對不起，我以後會改進，謝謝您提醒我。」小涵感受到柯先生說話口氣不友善，只是她還是不明白，爲什麼以前柯先生請假時，都是直接拿假卡找她簽名，她也是直接拿假卡請他簽名，且態度客氣有禮貌，難道這樣不算對老鳥很尊重嗎？以後，必須先向柯先生打招呼，才可以去找科長請假，難道這樣才算對老鳥很尊重嗎？小涵仍然感到相當疑惑。

小涵雖然進入公司三年了，仍然屬於單位裡的資淺員工。原則上，資淺員工請假時的職務代理人如果是資深同仁，最好先向資深同仁打一個照面以示尊重。倘若獲得資深同仁的口頭答應，資淺者還需要口頭上客套一番來表達謝意。之後，再向主管提出請假，按此行事的程序，當資淺者拿假卡請資深同仁簽名時，他們應該都會很樂意地幫忙。

或許資淺者心理會有一點不平衡，為何資深同仁找他們擔任職務代理人時，都可以直接拿假卡叫他們簽名，而他們卻必須先獲得資深同仁的口頭同意，才可以向主管提出請假？請假手續注意事項也沒有明文規定必須如此，不是嗎？

如果職場新人與資淺者擁有這種想法，表示他們不懂尊重職場倫理及對「老鳥現象」認識不夠，導致無法瞭解職場人際互動的一些基本禮節。

舉例說明，像有一些老鳥與職場新人尚未熟稔，老鳥通常會對職場新人直呼其姓名，如「陳約翰」、「王瑪莉」，互動漸密切，同事的情誼建立後，老鳥對職場新人則改稱對方的名字，如「約翰」、「瑪莉」；如果有一位老鳥的姓名是「吳湯姆」，職場新人如何稱呼對方？可以稱呼「吳湯姆」嗎？

按職場倫理，絕對不可以直接稱呼老鳥的姓名；可以稱呼「吳湯姆先生」嗎？也不可以，稱呼時，不可以出現對方的名字，正確的稱呼是「吳先生」。

即使老鳥吳湯姆與職場新人陳約翰，因接觸互動而逐漸熟稔，老鳥改稱對方「約翰」時，陳約翰依然只能稱呼老鳥爲「吳先生」，爲什麼？這是受到職場倫理及排資論輩所影響而衍生出來的一種微妙應對關係的稱謂。

同樣地，資淺者稱呼任何一位擁有相當主管職銜的高階人員，只能稱呼對方的職銜，不可以在職銜前面再加上對方的姓，例如張韋恩是一位主任，劉金恩是一位專門委員，資淺者應該稱呼對方爲「主任」、「專門委員」，按排資論輩與職場倫理的考量，資淺者不可以稱呼對方爲「張主任」或「劉專門委員」。

再舉三個例子，例如有一間容納六十位教師的大辦公室，僅安裝三具電話，假設有一位中生代的資深教師經過電話機時，幫忙接聽一通電話，來電者如果是要找資淺的教師，這位中生代的資深教師通常站在電話機旁，提高音量直呼對方過來接聽電話，即使資淺者的座位距離電話機的位置有十五或二十來步遠。

來電者如果是要找一位年長的資深教師，原則上，這位幫忙接聽電話的中生代資深教師，不會在原地就提高音量直接呼喊，而是快步或小跑步到年長資深教師的座位旁，態度客氣地通知對方接聽電話。

資淺教師接到一通電話是要找資深教師，應該如何應對？如果在原地就提高音量直接呼喊資深教師過來接聽電話，無形中，已得罪這位資深教師。按職場倫理與排資論輩，資淺教師一定要親自快步或小跑步到資深教師的座位旁，再以客氣的態度通知對方接聽電話，如此，資深教師才能感受來自晚輩對他們尊重的那一份心意。

第二個例子，像在辦公室裡，通常很容易聽到老鳥之間的對話聲音頗大，而且有時候，他們的笑聲音量更大，但資淺者之間的交談，卻必須控制講話的音量及壓抑笑聲。如果資淺者講話與笑聲的音量皆大，必然會引起老鳥心中的不滿，他們會認定資淺者毫無倫理輩分觀念，沒有把他們放在眼裡，來單位不久就想要當「一哥」或「一姊」。

第三個例子，像資淺者找資深同仁接洽事情，通常是資深同仁坐在座位上與資淺者交談；如果是資深同仁找資淺者接洽業務，資淺者不了解須起立以示敬重對方，資深同仁通常會在心裡暗批：「這位菜鳥有夠白目，也不會客套一番，竟然讓我站者，他（她）卻坐著跟我講話。」

由前述各種例子可以得知，職場人際互動過程中，仍然處處受到排資論輩的傳統觀念所影響。新人與資淺者若不懂職場人際互動的基本禮節，必定會常常得罪老鳥及主管而毫無察覺，即使這一類型的職場新人與資淺者日後在單位服務三、五年，仍然很難與老鳥及主管建立良好的人際互動關係。

新人考績的不成文規矩

阿銓因考試分發，進入某公家機關服務，公務人員訓練與實習期間，擔任總務處的公文校對工作，實習期滿，基於職務調動考量，他被分派到櫃台窗口，擔任爲民服務的第一線工作，主要負責處理民眾的申辦業務。

這是一個十人編制的小單位，扣除科長，有九位職員，其中有六位資淺人員擔任櫃台窗口工作，另外三位資深人員，坐在櫃台後方的辦公桌處理相關的業務。

六個櫃台窗口中，阿銓的業務工作量最多且最繁重，但是他從未抱怨，反而將自己多做事，視爲一種歷練與學習的好機會，每遇不懂之處，他都向資深同仁虛心請教。

當阿銓因業務內容不熟悉而發生工作疏失，單位內的同仁都樂於全力協助處理，由於辦公室所有的同仁相處融洽，工作氣氛相當良好。

接近歲末，科長必須繳呈九位員工考核成績，予上層主管參考。按往年慣例，到了年終，這個辦公室至少必須有一位員工考核等第是乙等。

多年來，歷任科長都與同仁約定俗成，每當有同仁從這個辦公室外調，新人替補進來，該年度，如果沒有同仁犯業務重大疏失或長期表現不佳，原則上，新人第一年的考績拿乙等。第二年，如果仍無同仁犯重大疏失或表現不佳，新人可以和其他資淺的同仁一起抽籤，來決定考績乙等者。

科長透過阿銓的直屬老鳥，向阿銓說明這種不成文的規定來打考績，阿銓聽完說明，基於尊重職場倫理與促進同事和諧情誼的考量，頗能認同這種屬於自訂遊戲規則的操作模式。

第二年與第三年的歲末，這個辦公室皆無人異動，阿銓與其他資淺的同仁一起抽籤，決定乙等考績者。直至第四年，因機關內有資深人員退休，基於職務調動，阿銓的辦公室裡，有一位同仁被外調承接該退休人員的業務，留下的業務，則由阿銓來接替，由於工作性質較輕鬆，讓他終於嘗到「媳婦熬成婆」的滋味。阿銓原來的工作，則由考試分發報到的新人遞補。

老鳥心聲：

新進人員與我們相處，應該謙恭有禮，多做事、少計較，且必須尊重單位內部的傳統運作。切記，新進人員勿與老鳥爭權益，或凡事斤斤計較，否則，事後下場都很慘。

剖析與建議：

新進人員承接的職務，常常是辦公室裡工作量最繁重的職缺，但是，千萬不可以因此而自認為是辦公室裡的所有同仁中，最有貢獻者。反而應該將自己比別人多做事情，視為一種歷練與學習的好機會，如果還能心懷感激上司與老鳥在工作上的指導與協助，這種新進人員的EQ就相當高，阿銓就是屬於職場人際EQ高的新進人員。

如果你（妳）是一位新進人員，也遇到類似阿銓第一年拿乙等的狀況，直屬老鳥向你（妳）說明，你（妳）是否願意遵守這種遊戲規則？奉勸你（妳）最好尊重這個單位內部的傳統運作，如果欲推翻而造成與老鳥爭權益，不論成功與否，事後你（妳）一定會付出許多慘痛的代價。

筆者在公家機關服務期間，也是遵守辦公室內部的傳統運作。新進人員第一年，原則上是考績乙等，除非同仁中，有犯業務重大疏失者。第二年，如果沒人異動且無新進人員增補，去年被打乙等的新進人員就可以豁免，再從其他同仁中找最資淺者輪替拿乙等考績。

連續好幾年都沒有新進人員增補，且無同仁犯重大疏失，怎麼辦？則繼續由兩位最資淺的員工輪流拿乙等考績，直至有新人進來。筆者第一年拿乙等，第二年，則由另一位較資淺的同仁拿乙等，第三年，剛好有新人進來，仍須遵守這種運作模式。

針對工作表現考核，每個機關的單位內部運作不盡相同，有一些新進人員，可能連續二、三年都拿乙等考績，直至再有新進人員進來，才有機會豁免該年度考績拿乙等，亦有像前述，以抽籤的運作模式，來決定乙等考績的名單。

建議新進人員，基於尊重職場倫理與促進同事和諧情誼的考量，最好遵循單位內部的傳統運作；如果進入單位不久，就想與眾多老鳥計較、爭利，代表此新進人員不夠謙虛、低調，通常，這種新進人員日後在工作上或人際互動中，很容易處處碰釘子、事事不如意，甚至，長期被老鳥群起孤立與排擠，那就相當不划算及得不償失，不是嗎？

謹遵宴席禮儀　敬酒很隨意

在公司、團體或機關單位裡，總會有同事與主管齊聚一堂，共同進食暢飲的場合出現。例如，吃尾牙、喝春酒、喜酒、餞行、宴請即將榮退的同事，主管或同事的子女考上名校、會計師或律師等各種名義的聚餐。

既然職場新人與資淺者，都有機會參加各種類型的聚餐，那麼與資深同仁及主管一起用餐時，應該注意哪些基本應對進退？

1．儘量在當日預定用餐時間前十五至三十分鐘，到達聚餐地點。如果因事遲到，大家已在用餐時，必須先向同一餐桌的同仁說明遲到的原因，以示尊重，不可以完全悶不吭聲自行入座後，就開始用餐。

2．如果見到資深同仁或主管到達，原本坐在座椅上的職場新人與資淺者，應該起立向對方微笑頷首並問好，再坐回自己的座椅上；假設資深同仁或主管，準備選擇坐在職場新人與資淺者旁邊的座位時，職場新人與資淺者必須馬上起身，將對方座椅拉出，請對方入座後，自己再坐回原位。即使對方是選擇坐在兩位資深同仁的中間，職場人際EQ較高的新人與資淺者，都會主動前往幫忙對方拉出座椅，請對方入座後，自己再坐回原位。

3.在同一餐桌用餐敬酒時，原則上，應該由職場新人與資淺者起立，雙手握持酒杯，按職階與排資論輩的順序，尋找適當時機，分別向主管、年長老鳥、中生代老鳥敬酒。如果是滴酒不沾的女性，可以用飲料或茶代酒。

4.席間，職場新人與資淺者，尚未向某位主管或資深老鳥敬酒，反而是對方先主動邀請職場新人與資淺者互相對飲，此時，職場新人與資淺者必須留意，應該再找尋適當時機向對方敬酒，以表示感謝對方看得起後生晚輩，先前主動邀請我們一起喝酒。

5.如果職場新人與資淺者，酒量不佳或已不勝酒力，又遇主管或資深老鳥極力勸酒，不可以因此認定對方強人所難，而表情不悅或斷然拒絕，這樣的應對方式很容易得罪對方。建議可以向對方委婉回拒，請對方高抬貴手，通融以「隨意」方式對飲，或以飲料及茶代酒。

倘若對方堅持自己要乾杯，而通融讓職場新人與資淺者以「隨意」方式敬酒，或以飲料及茶代酒。切記，看到對方一飲而盡時，職場新人與資淺者應該馬上讚譽對方，表示謝謝對方的高抬貴手。

通常，職場新人與資淺者，只要願意與對方客套一番，最後，對方都會通融放過職場新人與資淺者一馬，不再爲難。

6．用餐過程中，職場新人與資淺者，應該注意同一桌主管與資深老鳥的杯子，適時幫他們倒茶水、果汁、斟酒或分發紙巾及溼手巾。切記，想爲不是自己鄰座的主管或資深老鳥服務時，必須起身離座，走到他們的座位旁爲他們服務。如果不方便起身離座，欲起立彎腰曲身爲他們服務時，仍須保持謙恭有禮。

7．遇鄰桌的主管或資深老鳥過來向大家敬酒，職場新人與資淺者應該起立，雙手握持酒杯向對方敬酒。

倘若鄰桌的主管或資深老鳥，過來向每一位用餐者逐一敬酒，職場新人與資淺者必須起立，雙手握持酒杯與對方對飲。有時候，對方會請職場新人與資淺者坐在座位上，不必起立持杯如此客套，但是，職場新人不可以馬上坐下，亦須向對方客套一番，如「我是晚輩，您是長輩，我本來就應該站著，您叫我坐下，我反而不好意思！」除非對方仍堅持要職場新人與資淺者坐下，否則應該站立與對方對飲後才坐下。

如果對方一直堅持職場新人與資淺者，一定要先坐下才肯喝酒，職場新人與資淺者坐下時，仍需向對方客套一番，如「陳先生，您太客氣了，謝謝您！」或「處長，您太客氣了，謝謝您！」

8．席間，有資深老鳥或主管欲先行離席而向大家說「再見！」時，職場新人與資淺者，應該起立向對方微笑頷首並說：「再見！」

如果是職場新人與資淺者必須提前離席時，應該先向鄰座的資深老鳥與同一桌的主管，說明離席的原因，之後，才起立向同一桌用餐的全體同仁說：「不好意思，等一下我還有重要事情需要處理，所以必須先離開。」且保持笑容，一一向同仁說「再見！」或點頭示意再離開。

是否有職場新人與資淺者，在聚餐或敬酒過程中，因不懂宴席中的基本禮節，而得罪資深老鳥或主管？

當然有，有一些職場新人與資淺者，參加各種場合的聚餐，忽略在團體中與人應對時，必須考量對方的職階、資歷及輩分，因此，席間基本禮節、與人交談或敬酒過程中，常常欠缺客套性的應對能力，進而造成老鳥與主管面子掛不住，或沒有台階下的尷尬場面。

例如在一個聚餐場合，主管、資深同仁與兩位職場新人坐在同一桌用餐，剛好這一桌的主管與數位資深同仁喜好杯中物，且極力向其他同仁勸酒，以致兩位職場新人深受被勸酒的壓力。

甲新人認為，資深老鳥勸酒方式有強人所難之嫌，索性坐在座位上而不願意起立，顯露出不悅的表情，且直接回應：「張先生，抱歉，我酒力差，今天已經喝過量了，我不可能再喝半滴酒。」同時用手遮住杯口，不讓對方斟酒，過了一會兒，甲新人乾脆將酒杯的杯口蓋在桌面，讓杯底朝上方，表示任何人都別想要找他（她）喝酒。

但是，這一種舉動卻犯下了敬酒應對的禁忌，除了直接得罪資深老鳥張先生以外，也很容易引起同一桌用餐的主管與其他資深老鳥心生反感，他們會認為甲新人毫無倫理輩分觀念，沒有把大家放在眼裡。

乙新人瞭解，團體中必有少數人喜好杯中物，當資深老鳥來勸酒時，乙新人則與對方客套一番：「張先生，謝謝您平常對我的關照，眞的很抱歉，我的酒力很差，今天已經喝過量了，請您高抬貴手，我們『隨意』就好，謝謝！」

如果過來勸酒的資深老鳥，所服務的部門單位與乙新人不同，且兩人未曾業務接觸或交談，乙新人仍會與對方客套一番：「李先生，幸會、幸會。我是企劃組的陳強尼，以後在各方面有不懂的地方，請多指教。眞的很抱歉，我的酒力很差，今天已經喝過量了，請您高抬貴手，我們『隨意』就好，謝謝！」

一般而言，即使資深老鳥原來想要求乙新人至少必須喝半杯或乾杯，後來發現乙新人懂得自動起立，兩手握持酒杯，臉上保持微笑，且不斷抬舉他們，盡講一些好聽的話，讓資深老鳥聽起來很舒服，感覺乙新人很上道，最後，資深老鳥通常會通融乙新人的要求，嘴巴沾酒杯，「隨意」即可，或以茶及飲料代酒而對飲。

筆者建議職場新人與資淺者，在自己的家裡，可以請父母、兄弟姊妹參與模擬角色扮演，深入了解聚餐時，人際互動的一些微妙關係，或請教屬於資深上班族的親友長輩，請他們提醒在職場聚餐時，應該注意哪些基本應對進退的禮節。

參加公祭公差　新人責無旁貸

「阿輝、小玫，禮拜天早上，公司需要十位同事，前往吳董事長母親的公祭地點致意，我們單位必須派出兩位參加，先讓你們知道有這件事情，我會再告訴你們集合的地點與時間。」行銷部門的經理，當面告知兩位職場新人，假日必須出公差，兩人聽完經理的交待事項後，只見小玫微笑頷首回答：「經理，我知道了！」便逕自轉身走出經理室。

然而阿輝仍就杵在原地不動，面有難色，言語囁嚅：「經理，那一天我有事情，可能無法參加。」原本每次周休二日，他都前往嘉義會見女友，一想到周日必須參加公祭，將無法南下與女友相會，心情變得很鬱卒。因此，他馬上瞎掰一個理由，準備向經理說明自己無法參加公祭，希望經理指派別人替代。

阿輝似乎丟出一個難題要經理解決，令經理頓時面有難色，稍後，經理嚴肅正經地說：「假如你當天有非常重要的事情必須處理而無法參加，我會指派資深同仁替代你，通常，替代者應該都會體諒你的情況。如果，非有緊急事件必須處理，你又堅持當天無法參加公祭，我仍然會指派資深同仁替代你。但是，日後你如何面對這些資深同仁，自己看著辦，別說我沒有事先提醒你。」

阿輝站在原地，一直在心裡盤算，參加公祭與不參加公祭的利害得失，最後他決定，與其得罪老鳥，寧可安撫女朋友，向她說明周末無法南下嘉義的原因，請她體諒。

阿輝思索了半晌，突然語氣堅定，迸出：「經理，我決定禮拜天去參加公祭，原本與朋友的會面，我會打電話取消，謝謝經理剛才好意提醒我。」他向經理行鞠躬禮，走出經理室，心裡仍在慶幸自己沒有繼續耍小聰明，否則，因此事而得罪老鳥，日後在辦公室的日子將會很難渡過。

無論公家機關、公司、工廠或學校單位，有時候，需要派公差參加公祭，這是不同團體之間，強化彼此關係及人情世故的一種公關活動。在公祭場合，常常可以看到，總經理率領公司同仁、公家機關首長率領下屬、校長率領學校主管與教師、或小型公司老闆率領全體員工出席致意，陣仗多則數十人，少則五至十人。

職場新人與資淺人員，偶而會被指派參加公祭，參加者應對逝者心存敬意或感謝，雖然職場新人或資淺者，與逝者或其子女素昧平生，但從另一個角度來看，仍須心存感謝。

因爲，如果不是公司多年來受到對方的關照，讓公司持續拿到訂單，使公司能夠正常營運，可能公司早已發生財務危機，甚至倒閉關門，職場新人或資淺者，可能連進入公司服務的機會都沒有，不是嗎？

一個人要學會知福、惜福，且懂得感恩。

再來談一談，各公司與機關，派遣公差參加公祭的一種不成文規定。原則上，公司或公家機關，以指派資淺者爲優先考量，如遇資淺者因有要事無法參加，則彈性調派資深同仁替代，資淺者無論是在事前或事後，得知某位資深同仁替代參加公祭，都應該找機會向替代者道謝。

有一些不識相的職場新人，毫無職場倫理觀念，又缺乏對職場「老鳥現象」的認識，一聽到自己被指派參加公祭，就想找藉口閃躲。如果沒有充足理由說明自己無法參加，而硬要賴不參加，將會得罪替代者及其他老鳥。有職場新人因此在日後被許多老鳥群起孤立、排擠或挑毛病，相當得不償失。

倘若職場新人落得如此下場，自己又不思反省，後續又與老鳥互看不順眼而發生衝突，按雙方的人脈、動員能力及影響力，職場新人總是比較吃虧。

事實上，職場老鳥在他們年輕資淺時，亦參加很多次的公祭活動，隨著年紀與資歷的增加，他們已「媳婦熬成婆」，升格爲資深老鳥，換成他們在職場上來提攜後輩。

如果職場新人膽敢提議，要求與職場老鳥輪流派公差參加公祭，必然會引起許多老鳥對此新人心生反感。日後，老鳥通常會不斷找機會教訓這位不上道的新人，直到此新人已學會謙虛、低調，並且懂得尊重職場倫理後，老鳥才肯罷休。

筆者奉勸職場新人，勿耍小聰明想閃躲出公差，應該把參加公祭，視爲一種學習與擴大眼界的機會。否則，得罪老鳥，讓他們感受某位職場新人，進入單位不久就想當「一哥」或「一姊」，日後，這位職場新人在辦公室的日子，通常都會很寂寞，陷入被孤立的困境。

新兵待人處事　謹守幾句座右銘

每當有機會與尚在服兵役而回母校探望師長的畢業學生聊天，筆者都會好奇詢問：「現在當兵，還有沒有老兵欺負新兵？」他們大多數還是認爲，軍中仍然有老兵欺負新兵的現象存在，只是不敢像以往那麼明目張膽地進行。但是，有一位畢業學生說：「我服役的單位，上個月有一位士兵自殺。」

曾經有一位畢業學生說：「我的單位裡有一位士兵，自認爲常常受到老兵群起孤立、排擠，使用自殘的方式向老兵和長官抗議。」

也有一位畢業學生，用比較中肯客觀的立場指出：「一般而言，新兵只要不搞怪、意見不要太多或不要太白目，老兵是不會主動挑新兵的毛病！」似乎道出老兵對待新兵的態度，取決於老兵對新兵的印象好與壞而有所差異。

如何與老兵建立良好的互動關係？或如何避免讓老兵看不順眼？成爲新兵在適應軍旅生活的一大考驗。

新兵在訓練中心或下部隊後，無論與老兵、班長或長官互動，皆須謹記新兵待人處事的幾句座右銘，即「多做事情，少講話。」、「禮多人不怪」、「擁有爲大家服務的熱忱」及「面容笑、勤點頭、勤問好、身段柔。」只要新兵能夠仔細去了解這四句話的用意，並且靈活應用在軍旅生活中，必能和老兵及長官建立良好的互動關係。

新兵如何將「多做事情，少講話。」這一句話，落實應用在部隊的人際互動中呢？新兵在部隊裡必須有一種認知，即認清自己在部隊裡的資歷最淺，且在戰技操練、承接業務或熟悉生活事務等，都需要由老兵來指導與協助。因此，新兵的勞務分配通常會較老兵繁重。甚至有時候，老兵會因爲一些瑣事要求新兵代勞或服務，新兵最好樂於承接，不可以擺出不爽的表情，或一邊做、一邊抱怨。

一般而言，新兵爲老兵多做一些雜務，或分擔較繁重的勞務，也都能獲得不少意想不到的好處，即來自於老兵們的善意回饋。

大多數的老兵，對於願意多做事情，且從不抱怨的新兵，都會留下良好的印象，日後，當新兵在適應軍旅生活過程中遇到困難，通常，老兵也會比較願意主動伸出援手，予以指導與協助。

反之，資歷淺、意見多，凡事以講求民主公平原則，進而要求勞務平均分配，且每次遇不平則大鳴大放的新兵，將引起其他老兵的反感。

由於，這一類型新兵的作爲，已破壞長久以來，老兵和新兵在權利分享與勞務分配的傳統運作模式，因此，很容易成爲許多老兵的眼中釘。

如果一位新兵的作爲，讓多數的老兵看不順眼，那這位新兵在部隊裡，絕對沒有好日子過。在檯面上，老兵可能會藉機會對新兵出言不遜、語帶挑釁、或群起孤立、排擠，甚至暴力圍毆；私底下，老兵更可能會找機會在新兵背後搞鬼、落阱下石及打落水狗，讓新兵徹底難堪，嚐盡苦頭。

再者，新兵如何將「禮多人不怪」這一句話，落實應用在部隊的人際互動中呢？

建議新兵在部隊裡，遇到任何一位軍官與士官長，皆必須行舉手禮並問好，或視情況以微笑頷首並向對方問好。如果新兵知道對方的職銜，則按對方的主管職銜來問好，例如，可以使用「營長好！」、「連長好！」、「排長好！」或「輔導長好！」等問候語。如果不知道對方的職銜，可以使用「長官好！」向對方問好。

同樣地，新兵在部隊裡，遇到任何一位資深士兵，也必須行舉手禮並問好，或視情況以微笑頷首並問好。部隊裡除了資深老兵以外，尚有許多上兵和一兵，他們在軍中的人脈資源與動員能力，皆比新兵強很多。

因此，部隊裡最資淺的新兵看到他們，仍必須打招呼，可以行舉手禮並問好、微笑頷首並問好、或是僅微笑頷首即可，新兵可以視情況而決定使用哪一種打招呼的方式。

新兵在部隊裡，遇到任何一位軍官或士兵，如果都能使用屬於敬重對方的打招呼方式，來與對方互動，必能逐漸廣結善緣，且化解許多人與人之間的隔閡與誤解。

事實上，部隊裡的老兵，會針對某一位新兵挑毛病、找麻煩、或群起孤立、排擠，並非一定是指這位新兵喜歡搞怪或意見多，有時候是這位新兵個人的個性使然，造成老兵對新兵的誤解，進而對這位新兵產生反感及看不順眼。

例如，有一位個性內向的新兵，面容時常保持冷漠與嚴肅，看到老兵時，不曾主動打招呼，即使老兵因公務與這位新兵接觸，新兵仍然表情嚴肅木然，未曾面帶笑容，不懂須以謙恭有禮的態度與老兵應對。

如此，長久下來，可能會讓大多數的老兵，無法感受來自這位新兵對他們的敬重，也會造成老兵對新兵產生反感及看不順眼，進而對這位新兵開始挑毛病、找麻煩、或群起孤立、排擠。

筆者除了將「多做事情，少講話。」與「禮多人不怪」這兩句話，在文中解釋如何靈活應用在軍旅生活中之外，尚有兩句待人處事的座右銘，希望新兵牢記在心，就是「擁有爲大家服務的熱忱」及「面容笑、勤點頭、勤問好、身段柔。」其中十二字口訣雖然簡單易記，卻隱含了許多人際互動的微妙哲理。

如果新兵能夠了解這幾句話的用意，並且靈活應用在部隊人際互動中，相對地，必能讓許多老兵與長官對此新兵留下良好的印象，讓他們願意將此新兵視同自己的子弟對待。同時，也促使他們在日後，願意對此新兵予以各方面的關照與協助。

【第四篇】師長關愛 最佳人脈

大學混日子　自恃誤大事

師長校友　人脈運轉手

職場倫理　誰來教育

師言諄諄　學子感恩

倫理訓練　校園實踐

大學混日子　自恃誤大事

狀況一：

阿哲的成長環境優渥，從小父母花錢送他去學才藝、上兒童美語班。國中、高中階段，父母也請家教幫阿哲課後輔導，使他的升學進路相當順利。高中唸明星學校，之後進入一所著名的公立大學就讀。

在生活上，一直備受父母的呵護與寵愛，這種教養方式，也造成他上大學後，仍然養尊處優，自以爲是，不懂得尊重別人。

因爲他的主觀意識強烈，難以和系上同學建立友誼，所以他在校園中走動，總是形單影隻，如同是獨行俠。大學四年，系上舉辦許多學術或聯誼性質的活動，只看過阿哲出現一、二次。

大學導師與班上同學每一學期一次例行聚會，阿哲只有參加大一上學期的期末聚餐，另外七次聚會都缺席。他事前不曾主動向導師報備，或請同學代為請假，事後，也未曾向導師說明缺席原因。

導師在聚餐點名認識學生，阿哲的姓名連續好幾次都被劃記缺席，讓導師對這位學生的姓名特別記憶深刻。升上大四，阿哲的長相在導師的印象中，早已模糊不清，因此，阿哲與大學導師倆人之間的師生情誼，可想而知。

大學四年，阿哲修習各種課程，曾經受教於十多位教授，但他上課常常遲到，有時候，教授仍在講課，他就拿著背包走出教室而不返，且皆未向教授事先報備或事後說明，此外，他在校園裡遇見教授，皆故意視若無睹、形同陌路，所以，沒有任何一位教授對他留下好印象。

大四下學期，阿哲與系上數位同學，有意出國攻讀碩士學位，且準備申請英、美名校的研究所。系上同學請託教授寫推薦信，皆進行順利，只有阿哲處處碰壁。

每一位教授都向他推託，這一陣子已接受許多歷屆畢業生與應屆生的請託，接件量多，且教學與研究工作繁忙，請他另尋其他教授幫忙。

甚至，阿哲請大學導師寫推薦信，亦碰到軟釘子。導師要求阿哲請留學代辦中心或翻譯社擬稿和打字，再送到學校讓他簽名。

阿哲欲申請三所學校，需要很多封的推薦信，他只有找到導師願意幫忙簽名，其餘欠缺的推薦信，阿哲只好花錢委請留學代辦中心代寫推薦信，並且請他們尋找願意幫阿哲的推薦信簽名的大學教授。

狀況二：

上課鐘響已過了十幾分鐘，阿志背著背包，從容地從教室後門走進去，這間教室可以容納六十位學生，但是選修這一門課程的學生只有四十幾位，因此，他這個時間進來上課，仍然可以找到靠近教室後方的座位。

教授站在教室前方的講台附近，一邊講述課程，一邊將視線朝向阿志的座位，注意他是否仍像往常一樣，遲到上課，且躲在後面睡覺。教授發現阿志又趴睡在桌面上後，才把視線轉移到其他學生的身上。

阿志尚未考進這所大學之前，唸一所升學率頗高的著名私立中學，高中三年的課業學習，與他當時在國中升學班的塡鴨式教育雷同。

熬過三年緊迫盯人、毫無自由可言的高中生涯，終於如願進入他心目中理想的大學。

阿志一進入大學，就極力打聽有哪些教授開的課程是營養學分，想盡量選修來湊學分。他自己的大學生涯規劃是——前三年好好享受學風自由的大學生活，最後一年，再來專心準備研究所考試。

正在講課的這一位教授，對阿志的印象不佳其來有自，他注意到這位學生，是從阿志大一選修他的課程開始。

那時候，他發現少數學生在聽課過程中，因精神不濟，會有暫時性閉目養神或打瞌睡的現象，但只有阿志敢在桌面上趴睡，教授認爲阿志的行爲簡直目中無人，太不給面子。期末考及學期成績，在所有的學生當中，阿志的成績最低。但是，他並不以爲意，認爲只要好混、易過關就好。

現在阿志是大三生，再度選修這位教授所開的課程，學習態度仍舊毫無改進，因此，教授在心中盤算，阿志期末考如果考不好，要破例把他當掉。

暑假期間，阿志在安親班打工，負責國小學童的課業輔導。有一天，他接到一通學弟打來的電話，對方劈頭就說：「學長，你出名囉！猜猜看，什麼事情使你變成系上的知名人物？」阿志像丈二金剛摸不著頭腦，急著回答：「學弟，別賣關子，有屁快放！」

「系上有一位教授開課從來未砍人，今年特例開鍘，你是唯一被當掉的學生，學長，是不是你混的太兇，得罪這位教授？」阿志聽到學弟這麼一說，臉色突然變得慘綠，心情馬上跌入谷底，自己心裡大概有數，消沉地回應：「唉！是不是劉教授的課？」

「You got it」學弟禁不住好奇，繼續追問：「學長，能不能把你得罪劉教授的經過說出來讓我聽，好讓我們這些學弟妹有所警惕？」

「我現在心情很差，下次見面再講給你聽。」阿志心不在焉與學弟敷衍閒聊幾句，就結束通話。

自從得知有一科目被當掉，一整天下來，阿志的心情一直鬱鬱寡歡，原本安親班每天下午有一時段，由阿志引導學童講校園趣聞，每次他都聽到禁不住開懷大笑，當天，阿志一直故作微笑或陪笑，也讓他自己眞正地體會到「皮笑肉不笑」這種可悲的掩飾心態。

他回想以前，每次上這位教授的課，自己不是遲到就是打瞌睡，甚至，直接趴在桌面上睡覺，阿志已經可以明瞭，自己爲何被這位教授捉出來開刀的原因所在。

阿志得到這次教訓後，開始了解營養學分課程的教授，也有他們做人處世的原則與底線。

「以後絕不可以將『好好先生』，當作軟柿子看待。」他在自己的心裡提醒著自己。

狀況三：

小萍就讀北部某私立大學的研究所，所裡有一位吳教授，治學嚴謹、教學認眞，並且總是嚴格要求研究生的期末論文撰寫。歷來學姊、學長修讀吳教授的課程，期末論文退件率頗高，不是部分修改就是全部重寫。吳教授嚴格教學的行事作風，早已讓尙未修習這一門必修課程的小萍及其他研一生，聞風喪膽。

升上研二，小萍與另外十四位研究生，開始上吳教授的課。上課期間，鮮有研究生敢遲到、早退或打瞌睡。按慣例，修習這一門課程，在期末結束前，須繳交一份至少五千字的論文，作爲期末考成績。

小萍的同學深知，吳教授對期末論文的撰寫要求相當嚴格，因此，許多研究生利用上課或課餘時間，拿出自己想撰寫的論文題目、大綱或章節標題與吳教授討論，他們認爲，先獲得教授的認可，期末論文交出，一次過關的機會比較大。

依照學長與學姊的說法，每一年修習吳教授的研究生，提交期末論文被退回修改或重寫者約佔修習人數的一半，按此比率推估，今年約有七、八位研究生的期末論文將會被退件，除非有奇蹟出現。

小萍除了按正常時間上課外，絕少與吳教授在課堂或課餘時間互動，難道她不會擔心自己的期末論文被退件，甚至落入必須重寫的地步？

剛開始小萍當然會擔心，但是後來她想出一個鬼點子，準備用來應付提交期末論文，且自認爲可以一次過關的成功率頗高。自此，她上這一門課程時，減輕了許多壓力，因爲，期末提交論文對她而言，早已胸有成竹。

學期結束，果眞有七位研究生的期末論文被吳教授退件，要求在期限內修改再繳交，小萍與另外七位研究生繳交的論文沒有被退件。按照往例，代表這八位研究生的論文符合吳教授的要求水準，可以一次過關。

小萍認爲自己的論文已經混過關了，深覺自己這一次耍小聰明，耍得太漂亮。原來，她在學期中，利用課餘時間前往論文與期刊資料館，在陳列各大專院校學報的書架上，特地找尋中南部較不知名的技術學院，複印了一篇講師所撰寫的論文，準備接近期末時，再來抄襲當作自己的論文，而且，她自認爲抄襲不知名學校的講師論文，被發現的風險相當低。

不出小萍所料，事情進行很順利，論文退件沒有通知她，似乎代表吳教授沒有發現她的論文是抄襲而來，也促使她心中更篤定這一門課程已經過關了。

寒假中，系所佈告欄張貼出各種課程的成績表，修習吳教授所開課程的十五位研究生中，只有小萍被死當。

小萍在心裡毫無防備的情況下聽聞此事，內心受到很大的驚嚇：「不會吧！可能成績輸入錯誤。」她仍然認爲抄襲論文被發現的可能性相當低，應該是成績輸入錯誤。

接著，小萍前往系所辦公室，向助教詢問吳教授是否在研究室，確認後，她馬上朝著吳教授的研究室走去。

「教授，能不能幫我查一下，我的成績會不會是分數打錯或電腦輸入錯誤？」小萍態度客氣地向吳教授詢問。

「鐵定沒有錯，妳本來就應該被死當。」吳教授從座位起身，走到小萍的身旁，顯露出不悅的臉色，很不客氣地回答。

小萍變得有一點囁嚅模樣，低聲再問：「爲什麼？」且在自己心裡開始懷疑，是否抄襲論文已被吳教授發現？

吳教授逕自走回他的辦公桌，坐了下來，開始沉默不語，表情若有所思，完全不理睬小萍。過了半晌，他突然信手提筆，在一張紙上慢慢專注地寫著：「當一個人自認爲聰明，又不斷耍小聰明，就是準備犯大錯的時候。」接著，又寫出：「多經一事，多長一智。」吳教授寫完這兩句話，頗不尋常，他的表情瞬間變得溫柔和藹起來，並且示意小萍過來拿取這一張字條，「已經過了三十年了，到現在，我仍然有辦法寫出這兩句話，這是我的國中導師，對我們日常提醒告誡的話語。至今，仍然令我印象深刻，言猶在耳。」他保持心平氣和的態度，對小萍笑著說：「因爲妳被我死當，我才會想到用這兩句話送妳，希望日後妳無論是繼續升學或就業，切記這兩句話，勿重蹈覆轍。」

小萍雖然繼續聆聽吳教授的談話，頭卻微低著，眼睛死盯紙條上的兩句話，看著、看著，她的心跳持續加劇而愈加感覺到緊張，拿紙條的手臂漸不聽使喚而開始發抖。

「妳怎麼了？」小萍聽到吳教授以關懷晚輩的溫和口吻詢問，反而更加心虛，內心充滿著慚愧和懊悔。她眼睛泛紅，語帶哽咽：「教授，我錯了，我知道錯了。」淚水不聽使喚的撲簌簌滾落，且身體不停地抽搐。

「人都會犯錯，重點是──要能認錯、改過及記取教訓。既然發生，就要勇敢面對一切，承擔自己犯錯所付出的代價，並且把它當作人生的一大教訓和警惕。」

接著，吳教授開始談及，如何發現小萍的期末論文是抄襲而來。原來，吳教授早在五年前，已閱讀過小萍所抄襲的這篇論文，他有一位學弟當時在南部某技術學院任教，撰寫這篇論文尚未刊印前，曾寄給吳教授，懇請提供意見。

因此，吳教授發現小萍的期末論文與學弟的論文雷同，火冒三丈，且馬上下決定，即使會造成抄襲者必須延誤一年才能修完課程，也絕不寬容，一定要讓這個人付出慘痛的代價。

吳教授期末批閱論文，發現小萍抄襲別人的論文時，卻不動聲色，也不約談她，主要的用意是想讓抄襲者，屆時連求情或轉圜的機會都沒有，當作犯錯者人生的一大教訓和警惕。

老師心聲：

學生與師長接觸和相處，切記！勿耍小聰明、勿自以為是、勿目中無人，否則將得不償失，且下場會很難看，為什麼？

因為，讓師長印象不好或容易得罪師長的學生，進入職場以後，相對地，也比較容易得罪主管和老鳥，進而讓主管和老鳥產生反感及看不順眼，甚至，被老鳥群起孤立、排擠、羞辱、惡整或扯後腿。

學生就學時，除了必須充實自己的專業知識和技能外，仍須與師長、同學建立友好關係。通常，兩者兼顧並重的學生，進入職場後，人緣好、貴人多，同時，也比較容易獲得師長、主管或老鳥的關照和提攜。

剖析與建議：

大學生和研究生在他們的求學時期，僅有少數者能體察出，與教授建立良好的師徒關係，有助於日後個人事業發展的關聯性。

在教室上課的大學生，一聽到下課鐘響，絕大多數者都一溜煙就不見了，僅有一、二位學生課後仍留在教室，請教課業問題或幫忙教授拿教具及茶杯。

此外，目前大學生上課挑選座位時，也形成一種有趣的現象，例如有一門課程僅二十五人選修，上課地點卻被分配到一間可以容納五十人的教室，學生先後進入教室，選擇座位坐定後，可以發現，幾乎絕大多數的學生，都擠坐在最右與最左兩排，或者是坐在靠近教室最後面的座位聽課，他們都想儘量和教授保持較遠的距離，或避免坐在容易被教授直視的位置。偶而，可以看到一、二位學生願意親近教授，選擇坐在講台前的座位聽課。

然而，大多數的學生，會在背後取笑坐在講台前的學生，認爲這種學生太笨了，挑選的位置連摸魚或打瞌睡的機會都沒有。殊不知，這種學生畢業後進入職場，可以分享師長在社會上的人脈資源的機會最多。

綜觀大專院校各系所助教、講師、助理教授及副教授的任用，通常是以母校系所畢業生為優先考量，如欲爭取這種職缺，當然是與教授已建立良好情誼關係的畢業生比較佔優勢。

即使志不在此，這些畢業生在其他領域或行業中發展，受到師長提攜或關照的機會，也會比其他畢業生來得多。

筆者唸大學時，認識一位學長，他被學弟與學妹取綽號為「九十八分學長」，其來有自。

原來，他與同學和學弟、學妹共同選修某一位教授所開設的課程，每次上課，他都坐在講台前，距離教授最近的座位聽課，其他學生則分別挑選坐在後面或左右兩排座位，皆與教授保持一定的距離。期末考試成績公佈，他的成績是九十八分，是所有學生中獲得最高分者，因此，「九十八分學長」的綽號不脛而走。

這位學長大學畢業後，進入F大的研究所就讀，他的碩士學位論文口試需要三位口試委員，其中有一位是指導教授，另外兩位外校的口試委員，其中一位碰巧就是大學時代給他九十八分成績的那一位教授，另一位外校的口試委員，剛好又是指導教授的學弟。可想而知，學長的碩士學位論文口試的進行，是在一團和氣的過程中順利通過。

筆者初進入公家機構服務時，曾經回到大學母校探視師長，閒聊中，一位教授發現筆者服務的單位首長，剛好是他的好友。

數天後，筆者在服務單位突然接獲通知，前往首長辦公室報到，經過二十分鐘的閒話家常，使筆者深深地領略到，教授和首長對晚輩鼓勵與關懷的那一份心意，也令筆者倍感溫馨，心懷感恩。

目前在社會上，因「師徒關係」，由老師提攜自己的學生，進而使學生在政壇、企業界、學術界或其他行業成功闖出名號者，時有所聞。

另外，師生合作創業，或學生透過老師的人脈拓展個人事業的成功例子，不勝枚舉。

筆者建議，目前在學的大學生或研究生，不妨主動親近授課的教授，除了可以表示對教授的敬重外，無形中，也比較容易與教授建立良好的「師生情誼」，例如：

1．在校園中，遇教授要微笑頷首並問好。

2．熱衷參與課堂中的討論，課後或課餘，向教授請教一些課業或生涯規畫等問題。

3．主動幫忙教授發講義或資料。

4．主動擔任替教授倒茶水及端茶杯的工作。

5．主動幫忙教授擦黑板。

6．教授徵求公差，積極出任，且樂於完成教授請託交付的事項。

7．教師節致送教師卡以示敬意。

畢業後，如何維繫「師生情誼」？

1．教師節或聖誕節，寄送卡片問候師長。

2．平常每隔二、三個月，可以傳簡訊向師長問好。

3．農曆新年時，可以打電話向教授拜年，並報告自己的近況。

4．探視師長時，可以致贈小禮物或家鄉特產，以表示敬意和感恩之心。

學生與師長相處，仍須切記幾句基本待人處事的座右銘，即「多做事情，少講話。」、「禮多人不怪」、「擁有爲大家服務的熱忱」、「面容笑、勤點頭、勤問好、身段柔。」

學生對師長的態度是否謙恭有禮，師長通常是「看在眼裡，記在心裡。」因此，師長在與學生互動之間，難免會對某些學生留存好印象，而對某些學生則留存壞印象。

像有一些學生，喜歡在師長面前要小聰明、自以爲是，宛如「關公面前要大刀」。其結果，常常是得不償失，甚至，必須付出慘痛的代價。

師長校友　人脈運轉手

每當有畢業學生回學校探視師長，筆者都會趁機提醒他們，要與求學階段所遇到的師長，建立良好的互動關係，以增加自己日後在社會上的人脈資源。學生在校園裡，如何與師長建立良好的互動關係呢？

學生與師長相處，切記「多做事情，少講話。」、「禮多人不怪」、「擁有爲大家服務的熱忱」及「面容笑、勤點頭、勤問好、身段柔。」如果能夠仔細去了解這幾句話的用意，並且靈活應用在與師長相處互動中，必能讓師長留下良好的印象。

一般而言，在校園裡能夠與師長建立良好關係的學生，日後他們步入職場，通常比較具有尊重職場倫理與注重基本禮節的認知，且在職場裡，透過昔日師長的社會人脈而獲得關照與提攜的機會，也會比其他同學來得多。

反之，在校園裡，被眾多師長認定爲目無尊長、犯錯避重就輕、愛耍嘴皮、愛耍小聰明，或做事情喜歡混水摸魚的學生，如果他們離開校園後，言行舉止依舊沒有改變，日後在工作職場裡，也必然會遭遇許多挫折，原因是他們很容易得罪資深老鳥與主管，造成他們在工作上與人際互動中，處處碰壁、事事不如意。即使他們從事自由業或做生意，也常常因爲社會人脈資源不足，難以拓展自己的事業。

社會新鮮人進入工作職場或做生意，有時候可以透過分布在各行各業的學長、學姊等校友關係，讓自己在工作環境中，獲得一些特別關照或拓展做生意的接觸面，此即「校友人脈資源」（Resources For Alumni Relations）運作過程中，在職場發揮的功效之一。

在各種不同領域的職場裡，誰是「校友人脈資源」運作過程中最佳的運轉手？（うんてんしゅ，注一）

當然是校園裡的師長。通常，社會新鮮人剛進入職場，他們在求學生涯中所認識的學長與學姊，即使已進入工作職場服務數年，畢竟人數不多，想要在服務單位裡，遇到自己熟識的學長或學姊的機會相當低，因此，社會新鮮人如果透過校園裡師長的穿針引線與介紹，反而可以將「校友人脈資源」的功效與影響力完全發揮出來。

例如，一位社會新鮮人，進入某一公家機關服務，如果想了解單位裡是否有其他校友，請教校園裡的師長，當然是最快速的方法，因爲，每一位師長都有許多任教過的學生，有一些畢業生已出社會五年，有一些畢業生已工作十年而成爲小主管，或有一些更早期的畢業校友，已成爲高階主管。

此外，每一位師長自己畢業的學校，也有「校友人脈資源」，及分布在各行各業的朋友資源，全都可以作爲社會新鮮人在職場裡或做生意時的人脈資源運用。

只要學生在求學階段與師長建立良好的互動關係，畢業出社會後，通常，師長都頗樂意透過自己所擁有的各種人脈資源，來關照或提攜自己的學生。因爲師長的各種社會人脈資源相當豐沛，無形中，也將擴大了學生在社會上的人脈資源。

倘若學生在不同的求學階段，又與許多師長建立良好的交情，畢業後進入工作職場，透過許多師長的社會人脈資源的結合，無形中在短時間內，也使這位學生拓展的許多社會人脈資源，對這位學生在職場或事業發展上，必然會帶來許多益處，不是嗎？

註一：運轉手（うんてんしゅ），日文指司機，本書意指推動者。

職場倫理　誰來教育

近年來，由於大多數的社會新鮮人，不懂尊重職場倫理及忽略基本禮節，造成在各種不同領域的職場裡，菜鳥與老鳥之間世代隔閡的鴻溝愈加深裂，進而產生兩者之間不愉快的磨擦與衝突時有所聞。

從職場人際互動的角度分析，菜鳥與老鳥之間的關係不和諧，將影響到整體的工作情緒、工作態度、工作效率與表現，及團隊合作的默契，甚至，可能影響到整個公司或機關團體的運作。

一個家庭裡，如果兄弟姊妹關係不佳，不是爭吵、對立，就是形同陌路，不免使父母憂心，是否會影響到一家人長久共處一室的和諧？此時，父母應該負起責任，扮演溝通與調解的角色，努力促進家庭的和諧。

公司或機關團體的菜鳥與老鳥之間的人際互動關係，如同家庭兄弟姊妹之間的關係，公司老闆或機關首長，如同家庭裡的父母。

最稱職的父母角色是平時就頗注重家庭倫理教育，以促進兄弟姊妹之間的和諧感情而努力，而不是等到兄弟姊妹產生紛爭時，才願意出面扮演溝通或調解者的角色。

同樣地，公司老闆或機關首長，應該注重新進人員「職場倫理」的教育訓練，而不是等到菜鳥與老鳥產生嫌隙、發生衝突，才來進行調解或糾正菜鳥待人處事的態度。

中小型企業，每一年晉用新進人員的人數不多，在新進人員職前訓練或報到後，建議由老闆或主管舉行座談或個別約談，提醒新進人員與資深同仁互動時，必須學習尊重職場倫理與注重基本禮節，並贈送專論「職場倫理」的書籍，供新進人員閱讀。

大型企業的新進人員職前訓練，或政府機關的公務人員訓練，建議安排二至四小時有關「職場倫理」的教育訓練，課程中可以利用角色扮演的表演方式，來詮釋菜鳥與老鳥之間人際互動的微妙關係，除了可以提高學員的上課興趣之外，亦可以讓學員深入了解，新進人員學習尊重「職場倫理」的必要性。

課程結束，建議贈送專論「職場倫理」的書籍，讓新進人員能夠更深入了解，在與主管及資深同仁相處時，應該注意哪些人際互動的小細節。

最近幾年，各級學校單位的資深教師，對於大多數的新進教師不懂尊重職場倫理及忽略基本禮節而深感憂心。他們認爲，大多數年輕的新進教師，都沒有倫理輩分觀念，如何教導自己的學生去學習尊重校園倫理？

假如在學校接受教育的學生毫無校園倫理觀念，如何期待他們走出校園踏入社會，擁有尊重職場倫理的認知？

隨著近年來校園民主化，促使校園倫理不斷地加速淪喪消失。如欲重建校園倫理，各級學校單位的首長或主管，必須扮演運轉手的重要角色。

筆者建議中小型學校單位，針對每年新進教師報到後，應該由校長或主管以個別約談或座談方式，來提醒他們與資深教師互動時，必須學習尊重職場倫理與注重基本禮節，並贈送專論「職場倫理」的書籍，供新進教師閱讀。

至於大型學校單位，每年新進教師報到人數較多，建議由校長或主管舉行新進教師座談，提醒他們與資深教師互動時，必須學習尊重職場倫理與注重基本禮節，並贈送專論「職場倫理」的書籍，供新進教師閱讀。

筆者認爲，想要重建校園的師生倫理關係，必須先重建校園裡教師之間的職場倫理爲前提。

如果大多數的新進教師，能夠注重職場倫理，且與資深教師互動，處處流露禮貌、尊重與謙虛，必能獲得資深教師的善意回應，同時也促使雙方都能感受到來自對方一分友好、和善的心意交流。

當新進教師與資深教師之間的人際互動關係，充滿著「互相尊重的情意交流」，且時時刻刻地呈現在學生的眼前，除了可以當作學校生活教育的最佳活教材之外，也能夠讓學生在潛移默化的過程中，逐漸培養出日後踏入社會擁有尊重職場倫理的認知。如此，各級學校單位的校長或主管，在倡言重建校園的師生倫理關係，才不致於淪爲空談的口號。

爲什麼現今大多數的社會新鮮人，都不懂尊重職場倫理及忽略基本禮節？

這個問題可以歸咎於家庭倫理與校園倫理的教育不彰。當父母無法教育自己的小孩，擁有尊重倫理輩分的認知時，無形中，校園變成學生踏入社會之前，培養他們擁有尊重倫理輩分觀念的最佳場所。

倘若校園裡，教師之間的職場倫理重建成功後，學生就能夠時常感受到許多具有正面教育意義的人際互動關係，經過長時間的耳濡目染，學生與老師互動過程中，也將逐漸培養出尊重倫理輩分的觀念。如此，師生倫理關係自然會不斷地強化。

如果學生在學校接受教育期間，就已經培養出尊重倫理輩分的觀念，日後踏入社會成爲社會新鮮人，在工作單位中，也必然會比較能夠擁有尊重職場倫理與注重基本禮節的認知。

昔日的社會新鮮人，十之八九者，都擁有尊重職場倫理與注重基本禮節的認知；反觀現今，十之八九的社會新鮮人，都不懂尊重職場倫理且經常忽略基本禮節。

目前校園倫理尚未重建成功，師生倫理關係仍然鬆弛，致使大多數學生走出校園，踏入社會成爲社會新鮮人時，都欠缺尊重職場倫理及忽略基本禮節。因此，必須暫時透過職場工作單位的首長或主管，針對新進人員以座談、個別約談或教育訓練方式，來提醒他們學習尊重職場倫理與注重基本禮節的必要性。

師言諄諄　學子感恩

六月是傳統的畢業季，學校的畢業典禮在莊嚴隆重的氣氛中進行，當接近尾聲，學生互道珍重及與師長話別時，處處充滿著離情依依的情景。

典禮結束，按慣例，由各班導師帶領班上畢業生依序離開會場，再送他們走出校園。

我的班級在等候通知離開會場的空檔時間，有一位男生走到我面前，微笑中略帶靦腆表情而不語，突然，他雙臂伸展示意欲與我擁抱。

班上其他男生、女生看見此情景，紛紛主動排隊跟隨在這位男生後面，依序個別與我擁抱，雖然，每一位學生與我相擁僅是短暫數秒，卻令我倍感溫馨，也益加證明，自己兩年來與他們相處的眞誠付出並沒有白費。

送走他們，由校門口折返辦公室約有三百公尺的路程，沿途穿越庭園，初夏的蟬兒正在競聲鳴叫，我經過一株樹葉濃密的大樹下，很自然地找了一塊陰涼處坐了下來，回想著往日與這些學生相處的點點滴滴，不自覺地，許多情景如同倒帶般，好像歷歷出現在眼前，印象最深刻的情景是第一次與他們見面。

上課鐘響後，我走進一間喧譁吵雜、鬧哄哄的教室裡，站在講台上看著大家，間而發現一位學生，先用睥睨的眼神看我一眼，然後側身向著鄰座同學故意大聲說：「怎麼會是他？」當時，也有一位學生嘻皮笑臉對著我說：「老師，你走錯教室了！」我仍然保持嚴肅的表情而不語，隔了半晌，突然大吼：「全部給我安靜閉嘴！」因爲我的吼聲大於他們的吵雜聲，走動的學生發現瞄頭不對，趕緊退回自己的座位，一時全班鴉雀無聲，每個人目不轉睛盯著我，都不敢亂動或說話。

「這麼喜歡講話？好啊！有膽識的人，就主動站到講台上講話給大家聽，我倒想聽一聽，敢站上來的同學，能講些什麼東西出來！但是，老師先聲明，想講話給大家聽的同學，至少要連續講五分鐘才能回座位，講的精彩，送一本書，如果講話結巴不順暢，那就準備放學留下來，由我一對一，個別指導說話的藝術。總之，老師不希望你們在下面吱吱喳喳講不停，卻聽不清楚你們在講啥，反而製造出許多噪音。」說到這裡，講台下仍然是一片死寂，我接著又說：「好，現在想講話的同學舉手，我會請你上講台。」每個學生，開始用好奇的目光探視自身以外的其他同學的反應，他們都抱著看好戲的心情，期待班上有自告奮勇者出現。

全班學生渡過了漫長且安靜的一分鐘，突然有一位學生舉手，我馬上回應：「嗯，你很勇敢，請上來。」但是，過了好幾秒鐘，那位同學仍然坐在原位，動也不動一下，我再一次催促：「你剛才不是舉手，想上來試試看？」這時候，他才面帶尷尬地說：「老師，您誤會了，我只是想問您，我們的地理老師呢？」此話一說完，原本同學爲了保持肅靜而壓抑已久的心情，就此放鬆，全班突然產生一陣爆笑，幾秒鐘之後，所有的學生又很自然地靜了下來，注意我下一個舉動。

班上的秩序掌控進入狀況後，我便開始說明，我爲什麼來到他們的班級，而地理老師爲什麼不想來上他們班上的課。

原來，這個班級的地理老師是一位年輕資淺的女老師，數次提及該班是她所任教班級中上課秩序最差的。經筆者進一步了解，導師是一位擁有教學熱忱的年輕男老師，但是，班上有數位活潑、頑皮的男生，喜歡在課堂上嬉戲打鬧。如遇任課老師當場糾正或提醒，他們會暫時收斂，通常隔了幾分鐘，又開始故態復萌，更甚者，以串通班上同學惡整女老師為樂。

「壞事傳千里」，該班的上課情形，經一些任課老師的描述，儘管全校尚有多位老師未曾任教該班，卻早已風聞那些學生的行為。因此，許多老師將這個班級列入「黑名單」也不足為怪。我呢？反而對這個班級產生好奇心，倒想看一看那些頑皮學生長的啥模樣？所以，我藉由為地理老師上課不受敬重而打抱不平與拔刀相助之名義，特地登門拜訪這個班級，想趁此機會來提醒班上學生，學習如何與師長相處，並且要求他們，必須改善與地理老師的互動關係。

我認為，「做人的道理」人人會講，而且學生早已聽過千百遍，我也相信，當我說完尚未走出教室，針對一些頑皮的學生而言，那些話早就 ear in, ear out（把我的話當耳邊風）。所以，當我對這個班級進行「精神講話」結束後，在離開教室前，又補充了一段話：「今天老師來到你們班上，也是一片好意，日後，如果又聽到地理老師向我抱怨，某位同學的言行很過份，表示這位同學把我的好意當作一張紙，丟在地面上踩，那就要有心理準備，我會通知不給我面子的學生，放學後留下來個別約談，並且還要勞動服務才能回家。不信，就試試看？」事後，地理老師到這個班級上課，頑皮男生收斂許多，因為他們已了解，逾越地理老師設定容忍的底線，將被我約見，安排時間留校個別輔導及勞動服務。

我對這個班級一席話之後，再也沒有機會與該班較頑皮的學生接觸，或許我跟這個班級緣慳分淺，但是從另一個角度來看，亦頗令人欣慰，雖然頑皮學生在課堂上仍維持活潑好動的本性，至少已學會看狀況，且懂得讓地理老師有台階下，師生關係改善許多。

世事難料，一年級下學期的期末，他們的導師因父母年老乏人照料，而申請回鄉服務，那一年，我剛好輪休一年不必帶班，在我擔任專任教師下學期的期中，早已向學校報備，不想接新生班級，希望有機會能直接帶二年級的班級。

當一聽到一年級升上二年級的導師有出缺，竟是這個班級，我更積極爭取，希望有機會擔任這個班級的導師。

升上二年級開學日的晨讀導師時間，這個班級的學生在教室裡七嘴八舌地亂猜，哪一位老師將是他們的新任導師時，我又再度走進教室，當他們看到我又出現在講台上，全班的學生流露出錯愕的表情，有學生變成呆若木雞，有學生則面色如土，且大家面面相覷，教室裡突然間變得好安靜。

我仍是面目表情嚴肅，一臉兇相中帶著銳利的眼神，且故意在自己的臉上擺出一股肅殺之氣，再慢慢地用我的雙眼巡視每一位學生，看到每個學生心生恐懼的表情，我在心中暗喜，自己對他們下馬威成功，即話都還沒說出口，他們就嚇成這個樣子。

後來，發現了幾個小女生，狀似無助可憐的模樣，我就開始緩和自己的表情，語帶戲謔：「各位同學，老師很榮幸能擔任你們的新班導，從上次見面至今，已有好幾個月了，雖然這一段期間沒有機會與你們再度見面，但是，老師好幾次看到地理老師面容愉悅，對你們班上的表現讚譽有加，表示你們每個人都很聰明，已懂得如何與地理老師相處與互動。」當我說到這裡，有不少學生，因聽到我對班上表現進步的讚美，露出得意的笑臉。

接著，我又以愼重的口吻對著大家說：「但是，老師認爲，你們與其他師長的互動，或同學間的人際關係，仍有許多缺失有待改進。例如，一年級時，有一些同學做錯事被糾正，還是喜歡與某些任課老師耍嘴皮及盡講一些五四三的話，爾後，如有同學再犯同樣的錯誤，要有放學後被留校的心理準備，我會與你一對一，專門等著你來跟我耍嘴皮；假如犯錯請你留校又無故逃避個別輔導，很簡單，那個人的畢業證書，鐵定會長翅膀。再者，同學之間互動，應該培養互相尊重，以誠待人的包容心，來促進班上的和睦相處。不能再像一年級時，同學的人際關係，如同處於春秋戰國時代，小團體互看不順眼，陷入互相攻伐的混亂情境。」提及他們過去不光采的事情，許多學生顯示出驚訝表情，瞪大眼睛看著我講話，他們心想，新班導怎麼會對他們的過去瞭如指掌。

我仍繼續說著：「前任導師離校前，曾請託一位老師，轉交給我兩份分別放在不同牛皮紙袋的資料，希望帶班時可以參考。其中一袋是班上每個同學的基本資料，另外一個厚重的牛皮紙袋一打開，眞讓老師大開眼界，竟然是一疊悔過書，還好老師心臟很強，沒有被你們以前的『豐功偉業』所嚇昏。」學生發現我在講話的表情變得頗輕鬆，且口氣略帶開玩笑似的，他們的表情也開始變得多樣化，有些學生暗自偷笑，有些學生開始喁喁私語。

新的學期，新的開始；新的導師，新的帶班風格。他們發現，我算是一位強勢主導班級運作的導師，且平常喜歡強調「倫理輩分觀念」，不斷地提醒他們，學生與師長互動時，輩分的分際要弄清楚。

開學初，他們很難習慣適應我的帶班風格，及盡講一些倫理輩分觀念等老舊思想的話語。師生之間經過三、四個星期的磨合期，班級運作漸入佳境，他們開始發現，同學之間不再因小事爭吵、衝突或打架，而且同學之間，變得比較能夠尊重別人的意見，包容別人的缺點。

筆者心想，他們變得懂事及收斂，與我的強勢作風有關係。學生可能考慮到新導師不好應付，如果做事衝動，且理虧站不住腳，而變成挑釁或加害者，將連續好幾個星期，被我放學後留校個別輔導，「得失之間」他們自行會斟酌判斷。

另一方面，他們再也沒有看到任課老師，因糾正犯錯同學而被激怒，進而形成師生衝突的場面。同時，他們也漸漸感覺得出來，各科目的任課老師，在課堂上教學認眞，態度和善。

筆者初接這個班級，即開始灌輸「倫理輩分的觀念」，強調導師如同扮演一個大家庭的家長，而學生就如同家庭的成員。家長的地位及輩分必須受到成員的認同，大家才能和睦相處，即使家庭成員之間，或與外人起衝突，按家長的角色、年紀及輩分，出面幫忙成員溝通、協調，較能獲得圓滿的解決。如將此觀念應用在學生與老師的互動，我提醒他們，無論在任何情況下，不可以和任何師長起衝突。例如，學生自己上課表現有缺失而被老師指正，自知理虧時，必須虛心接受。發現老師罵完，仍怒氣難消時，建議他們利用下課時間，自動前往辦公室，向老師表達誠心的歉意。

另一方面而言，論輩分，學生算晚輩，我提醒他們，即使被老師誤會或受委屈，仍然必須先接納老師的情緒，事後，可利用下課，自己去找老師慢慢澄清，或由導師出面溝通解釋。我向他們保證，依循導師建議的處理模式，「得到的一定比失去的還要多」。最後，我仍向他們提出警告，在任課老師面前耍小聰明，或擺出一副跩模樣而把事情搞砸，放學後準備留校，由我來進行一對一的個別輔導。

經過與他們相處了一年，班上學生在各方面的表現，都頗受各任課老師的肯定，且遇到他們的任課老師提及「上你們班上的課，感覺眞好！」、「你們班上的學生很可愛耶！」……等稱讚、鼓勵的話，我就利用機會，一一轉述給他們聽。無形中，不斷增強與提昇他們和師長建立良好人際互動關係的自信心。

也許有讀者想問，一年當中，課堂上沒有再出現師生衝突場面，或老師抱怨某某學生態度惡劣嗎？應該沒有，未曾有任課老師向我抱怨。幹部每天必須向我報告當天同學上課情形，且每週學生繳交一次札記，內容中也未曾反應有那一位老師因受氣盛怒，臉上爆出青筋等事件的發生。

雖然，在班級運作過程中，我仍然不時提醒某些同學，在待人處事或責任感方面的小缺失，有待加強與改進，但是班上在各方面的整體表現，已令我感到相當滿意。

升上三年級後，在校園裡的學生群體中，他們已算是學校的老鳥，待人處事應對的成熟度比當菜鳥時進步很多，筆者仍舊未雨綢繆，常常利用課堂中、導師時間、晨讀或班會時間，適時講一些有關職場倫理的生活小故事，藉以提醒他們，日後進入職場與老鳥或主管的相處之道，並且強調許多事情或現象，不可以用正常的邏輯思考來解釋。我特別叮嚀他們，以後成爲社會新鮮人，與辦公室老鳥及主管相處時，必須尊重職場倫理及注重基本禮節，否則下場會很慘。剛開始，學生認爲我是在危言聳聽，後來，他們也都逐漸認同我的說法，而且很喜歡叫我講「白目菜鳥被老鳥修理」的眞實故事給他們聽。

筆者在班上曾提及，以後進入工作職場，如何善用主動打招呼、勤快接電話、適時的噓寒問暖……等方式，與辦公室老鳥或主管建立良好的人際互動關係，並且以模擬情境的角色扮演，來增添學生學習的樂趣。

漸漸地，他們終於了解，爲何導師不斷地提醒他們，日後進入職場必須牢記「多做事情，少講話。」、「禮多人不怪」、「擁有爲大家服務的熱忱」、「面容笑、勤點頭、勤問好、身段柔。」這幾句話的用意。

在班級的生活教育裡，如有學生忘了與師長之間互動的基本禮節，或做事敷衍且喜歡混水摸魚，我都會藉機會，用開玩笑的口吻來提醒大家：「老師與你們之間的相處，有時候，如同職場中的老鳥在與你們相處一樣，『常常是看在眼裡，記在心裡』，當你把老師當作『隱形人』或『傻瓜』看待時，看你是得到比較多？還是失去比較多？」由於我都沒有指名道姓，當事人頗能接受這種間接式的指正與規勸，且能理解老師機會教育的用心。

說實在話，學校的導師除了教學工作外，尚有許多的責任與壓力，每一位學生輪流出現的突發狀況不盡相同，且常常不按牌理出牌，事後仍須與家長聯絡或面談，其瑣碎與甘苦，眞是一言難盡。這也可以說明校園裡，爲何有許多教師得到「擔任導師恐懼症」的原因吧！

兩年來，對於這個班級的辛苦經營與付出，終於告一段落了，我又可以輪休一年不必當導師，想到這裡，心裡如釋重負。我就從樹底下的陰涼處起身，朝著辦公室的方向走去。

回到辦公室，發現自己的桌面上，除了早上學生致贈的花束及小禮品外，又增添一個大信封袋，斜靠在書架上，原來裡面放有一張超大型的謝師卡。

班上每一位同學都在卡片裡留言，以抒發他們的畢業感言，當我閱讀到一些學生以開玩笑、活潑式的口吻，對我作言過其實的讚美時，都使我不得不會心一笑，心情變得更輕鬆愉快。

另外，學生感性的留言，令我相信，這些話是因爲他們衷心眞誠的感受所表達出來的，同時，也讓我更堅信自己在班級經營時，時時刻刻找尋機會引導與灌輸「倫理輩分的觀念」，無形中，已在學生的學校生活教育中，產生潛移默化的影響，並且可以從他們在卡片裡的留言得到應證。

班長：「您無怨無悔的教導我們做人的道理，且時常講一些生活小故事，來提醒大家要學會『知福惜福』，您的用心良苦，讓我們受益良多，老師，謝謝您。」

蜻蜓：「您是我生命中的貴人，從我二年級不會看狀況到現在，幫我點出許多小缺點，使我能夠了解並且願意改過。老師，謝謝您！」

小風：「感謝您這兩年的教導，還教我們很多做人的道理。老師您放心，出社會後，我一定會記住『多做事情，少講話。』、『禮多人不怪』、『擁有為大家服務的熱忱』及『面容笑、勤點頭、勤問好、身段柔。』這幾句話。」

珊珊：「謝謝您的教導，使我了解許多待人處事的道理，而這些道理讓我成長不少，謝謝您！」

小樓：「謝謝您的用心，使我們班上的風評變好，您曾經教導我們許多有關於待人處事的應對進退，我會永遠記住的，更會記住中學時，有一位如此特別的 teacher。」

依依：「雖然您帶我們班，只有短短的兩年，但您教導我們許多做人的基本道理，我會記在心裡的。」

小胖：「第一次聽您提及『多做事情，少講話。』、『禮多人不怪』、『擁有為大家服務的熱忱』及『面容笑、勤點頭、勤問好、身段柔。』這幾句話時，心裡頗不以爲然，現在我已經了解這幾句話的箇中道理。謝謝您教導我們，與師長的相處之道，且深謀遠慮，擔心我們出社會因不懂事而被職場老鳥修理。您使用活潑生動的舉例說明，令我印象深刻，我現在亦能感受得出，老師不斷地提醒我們，在與師長或職場老鳥相處時，要用這幾句話，當作待人處事基本準則的用心。老師，謝謝您。」

恩恩：「從二年級開始，您就不斷跟我們說了許多關於『做人道理』的小故事，讓我印象非常的深刻，且不厭其煩地提醒我們『待人接物』應該注意的小細節，我會永遠記住，您對我們說過的每一句話。」

小眞：「我永遠記得，您對我們說的每一句話，尤其是那一句『知福惜福』讓我印象深刻。老師，謝謝您。」

阿德：「聽到別班學生叫您『老大仔』，剛開始，以爲是別班捉弄您所取的外號，後來發現，您眞的很像我們班上的老大，年紀與經驗，再加上您的處事原則，是非分明、嚴中帶鬆，對學生又很有包容心與愛心，讓班上同學都很敬重您，願意接受您的教誨。班上同學經過兩年的和睦相處，也都學會包容別人的缺點，且學到許多待人處事的道理，老大仔，感謝您！」

珮珮：「很快地兩年就過了，在這段時間裡，同學之間的相處，有歡笑也有悲傷，經由您的教導下，大家都成長了許多，且更懂事！我們學會了好多、好多，這一切都必須感謝您！我相信您曾對我們說過的『道理』，大家將會一輩子記在心中，且時時提醒叮嚀自己。您永遠是我們的良師！謝謝您！我們敬愛的老師。」

這個班級學生的成長與進步，真的很令我感到心滿意足，此外，筆者常常以自己親身經歷，或友人在職場上的遭遇，透過活潑生動的角色扮演，試圖提醒他們，以後進入職場與辦公室老鳥及主管相處時，必須擁有尊重職場倫理與注重基本禮節的認知。這些學習內容，是筆者在班級的生活教育範疇裡，額外添加的。

我想，能夠讓他們在中學時代，就可以先培養與學習一些日後踏出校園，必須應用在人際互動上的基本應對進退的能力，對於他們未來進入職場，欲與老鳥及主管建立良好的人際互動關係，應有很大的助益，這也是他們遇上我這位導師的另一種意外收穫吧！

下次輪到我帶班時，我還是會把有關倫理輩分與職場倫理的生活小故事，融入班級的生活教育中，而且班上的學生在畢業前，我仍然會不斷地提醒他們，將來進入職場一定要牢記老師的幾句話，即是「多做事情，少講話。」、「禮多人不怪」、「擁有為大家服務的熱忱」、「面容笑、勤點頭、勤問好、身段柔。」

希望自己的學生日後成為職場新人，在辦公室與老鳥及主管相處時，尚能夠記取這幾句話的用意，並且靈活應用在人際互動中，這樣，就能成為一位「快樂的社會新鮮人」，而不致於陷入處處被老鳥排擠、孤立、挑毛病或落阱下石的困境。

倫理訓練　校園實踐

身爲學校教育工作者，都希望自己的學生畢業後進入職場，除了擁有充足的專業知識之外，通常也期望他們在職場與同事及主管，能夠建立良好的人際互動關係。如何透過學校單位的努力，來培養學生日後踏入社會的職場人際ＥＱ，是筆者這幾年不斷在思考的問題。

現今在學校接受教育的大多數學生，於校園中與師長互動，不僅欠缺師生倫理的觀念，且不注重生活的基本禮節，這是導致他們日後職場人際關係欠佳的主要原因。

筆者發現，學校師長可以利用校園裡的生活教育，藉以啓發學生注重師生倫理，進而培養學生日後踏入社會的職場人際ＥＱ。

以筆者爲例，在課堂裡，有時候藉機會，以校園中職場倫理的實例，來提醒學生注

重倫理輩分的必要性。經過筆者用心去觀察，可以讓學生在校園裡感受到職場倫理存在的實例相當多。

因此，只要師長願意下工夫發掘，必然有許多校園職場倫理的實例，可以融入學校的生活教育中，學生在校園裡，也就有很多機會，可以認識與培養日後的職場人際EQ。

例如，當學生在教室寫練習題或自習時，偶而會有其他教師從教室外的走廊經過，如果筆者坐在講台上的座椅，剛好看見某位年長資深教師在教室外面的走廊走動，只要對方與筆者一有視線交集，按職場倫理與排資論輩，筆者必然會立即起身微笑頷首，以表示敬重對方。

稍後，筆者就會找機會與全班學生互動，故意向學生探詢：「剛才有沒有同學發現，老師原本坐在椅子上，突然起身站立？」通常，坐在講台附近位置的學生會回答，提及剛才有一位老師從教室外的走廊經過，發現筆者起立，並向對方微笑點頭。

筆者進一步向全班學生追問：「爲什麼剛才那一位老師經過，我必須起立向對方微笑點頭，而有一些老師經過，我可以不必起立，只要坐著向對方微笑點頭即可？」眾多的學生中，必然有少數者，能察覺此種人際互動的微妙關係。

筆者則趁機稱讚觀察力較強的學生，對著全班說：「班上有一些同學，對於人際互動具有敏銳的觀察力，沒錯，按職場倫理與排資論輩，年長資深老師經過，我必須起立微笑點頭，以示敬重；平輩或資淺老師經過，我只要坐在椅子上，向對方微笑點頭即可。同學可以再想一想，假設資深老師經過，依職場倫理與排資論輩，資淺老師應該起立，向對方微笑點頭示好，但是這位資淺老師卻故意視若無睹，完全不注重基本禮節，如同把資深老師當作隱形人一樣，如此，這位資淺老師會有哪些損失，或產生對自己不好的影響？」學生通常會七嘴八舌，開玩笑地回應，認爲這位資淺老師，會被資深老師找麻煩或挑毛病，甚至，會被許多資深老師聯合起來海扁一頓。

筆者分析說明：「被海扁一頓倒不至於，但是，學校資深老師，可能會對這位資淺老師產生反感及看不順眼，認爲這位資淺老師欠缺倫理輩分觀念、目中無人、且驕傲自負。當資淺老師無法與資深老師建立良好的同事情誼，日後，資淺老師在工作上遇到困難或有所缺失，很容易使自己陷入四面楚歌的困境中。社會上的各行各業，有一些人，因爲欠缺倫理輩分觀念，且不注重基本禮節，導致人際關係不佳及工作不順遂的實例，不勝枚舉，以後有機會，老師會講類似這些生活實例的小故事讓你們聽。」如果時間允許，筆者會馬上講餐廳服務生的故事，來引起學生對職場倫理的注意。

「有一家西餐廳，同時新聘兩位外場服務生，這兩位服務生在餐廳服務兩個月後的某一天，中午餐廳客人高朋滿座、生意興隆，其中一位甲服務生，從客人的餐桌收拾了三套餐具疊放在一起，朝著廚房的方向走去，結果，走不到幾步，其中一套餐具的瓷製碗盤，因不小心滑落而掉在地面，突然而來的鏗鏘破碎聲，使鄰近餐桌的客人都受到驚嚇。當天晚上，餐廳的用餐時間仍然高朋滿座，客人絡繹不絕，很湊巧，乙服務生跟甲服務生一樣，不小心將已收拾好端在手上的碗盤滑落地面，鏗鏘破碎聲，也使周圍用餐的客人都受到驚嚇。當天兩人都心裡有數，可能會因此事而被老闆解雇或扣薪水。七天後，老闆發薪水給全體同仁，甲服務生領到薪水，同時也被老闆解雇；乙服務生領到薪水後，卻被老闆繼續留用，爲什麼？」筆者在某一個班級將此故事陳述完畢，立即引起多數同學的興趣，透過他們的想像力，五花八門的答案都陸續出籠。

有一位學生猜想，老闆是男性，甲服務生是男性，乙服務生則是女性，所以，同性相斥、異性相吸。筆者馬上回應，老闆是男性沒有錯，但是，被解雇的甲服務生是女性，被慰留的乙服務生是男性。一說完，一位學生搶答：「我知道了，老闆是同性戀。」引起全班哄堂大笑。

筆者又馬上回應，此老闆不是同性戀。也有一個學生認為，乙服務生可能是老闆親友的兒子。筆者補充回應，乙服務生與老闆沒有任何親友關係存在。又有一個學生猜想，乙服務生家有老母必須奉養，而私下向老闆求情。筆者仍就補充回應，乙服務生未曾向老闆求取原諒。

最後，有一個學生猜想，乙服務生平常可能就是一位馬屁精，老闆對他的印象特別好。筆者針對這位學生的回答，做補充回應：「你蠻厲害了，讓你猜對一半，沒有錯，老闆對乙服務生的印象特別好，但是，他不是一位愛拍馬屁的人。」筆者的說明雖然讓學生深感疑惑，卻又引來一陣討論。

稍後，我更進一步說明：「一位被解雇，另一位被慰留，主要原因是——兩人平時待人處事態度迥然不同。像甲服務生，毫無職場倫理觀念，看到同仁時，從來不會主動向他們打招呼，且面對客人時，表情冷漠嚴肅，欠缺服務精神。而乙服務生，每天上班都會主動向同仁微笑頷首並問好，面對客人時，臉上隨時保持微笑，表現出熱忱的服務態度。當天兩人都因疏忽而犯錯，事後，陸續有數位資深同仁，主動幫乙服務生向老闆求情，希望老闆繼續任用他。老闆經過考量，認為乙服務生平時待人客氣有禮貌，頗獲同仁的好評，面對客人時，服務態度佳，再加上資深同仁幫忙求情，因此，就讓乙服務生繼續在餐廳留任，而將甲服務生解雇。」

大多數的學生聽完筆者的說明後，恍然大悟，終於明白，兩位服務生犯同樣的過失，卻有不同下場的原因所在，同時，也讓學生對職場人際互動的微妙關係，有了初步的認識。

之後，如果有機會再談及有關職場倫理的實例時，通常，有一些學生，已具有剖析人際互動微妙關係的初步能力。無形中，也逐漸培養他們以後對於職場人際互動的敏銳觀察力。進而比較能夠瞭解與認同，社會新鮮人必須學習尊重職場倫理與注重基本禮節，才能夠與主管及同仁建立良好的人際互動關係。

爾後，筆者在這些班級上課時，就可以再舉出校園中常見師生互動的事例，藉以引導學生，讓他們了解，在學校接受教育的學生，如果能夠注重倫理輩分與基本禮節，必能與師長建立良好的互動關係，日後踏入社會所擁有的職場人際ＥＱ，通常會比較高；

反之，喜歡與師長耍嘴皮與唱反調，且態度傲慢自大的學生，日後踏入社會的職場人際EQ，通常會比較低，必然也會遭遇許多工作上與人際互動的挫折。

每當畢業學生回母校探視師長，閒聊之間，我會趁機開玩笑說：「以前老師不是在課堂上有講一些職場倫理的小故事嗎？搞不好你們都已經忘記了。」他們大多數都會馬上回應：「老師，我們都還記得您提醒我們必須牢記的幾句話，像『多做事情，少講話。』、『禮多人不怪』、『擁有爲大家服務的熱忱』及『面容笑、勤點頭、勤問好、身段柔。』這幾句待人處事的座右銘。」

這時候，我都會先稱讚他們的記憶力超強，然後再進一步追問：「將來你們成爲社會新鮮人，眞的還能夠記住與老鳥相處，應該注意哪些人際互動的基本禮節嗎？嘿，我眞的很懷疑。」

「老師，我們都會永遠記住，不會忘記，因爲您都用角色扮演的方式，表演給我們看，讓我們印象都很深刻。」他們七嘴八舌開始談及，與老鳥相處應注意的小細節。例如，主動勤於接聽電話、遇人必須微笑頷首並問好、老鳥走近新人座位欲談話時，新人必須起立，以示尊重對方……等。

有時候，探視師長的畢業學生有活潑外向者，甚至會當場模仿我當時在課堂上角色扮演的一些動作，來取悅大家。

看到他們對於多年前，在課堂上所聽過的職場倫理小故事，及待人處事座右銘，都能記憶猶新，頗令筆者感到欣慰。

筆者經過這幾年在任教班級的觀察，在課堂上偶而講述職場倫理的小故事，且透過角色扮演的方式，呈現出人際互動的微妙關係，頗能引起學生的興趣與熱烈討論。除了可以讓他們深刻了解，以後成爲社會新鮮人，學習尊重職場倫理與注重基本禮節，確實有其必要性外，無形中也逐漸培養他們日後對職場人際互動的敏銳觀察力。

筆者建議，教師可以利用平常的生活教育機會，講一些有關校園或社會中的職場倫理小故事給學生聽；或學校週會，每學期可以安排二至三次，有關校園裡或社會中「職場倫理」故事的舞台話劇與影片，讓學生觀賞，且由師生共同參與舞台話劇與影片中的角色扮演，更能引起學生的觀賞興趣，藉以引導學生學習尊重校園倫理及認識職場倫理，進一步也可以培養學生日後踏入社會的職場人際ＥＱ。

後記　千金難買早知道

校園有師生倫理、部隊有軍中倫理、辦公室有職場倫理，無論是身爲學生、新兵或社會新鮮人，都必須學會並懂得待人處事的基本禮節，且應該擁有樂於爲大家服務的熱忱。

可惜，愈來愈多的年輕人，欠缺倫理輩分觀念及忽略生活中的基本禮節，導致師生關係疏離、新兵被老兵孤立與排擠、或職場老鳥看新人不順眼等現象愈趨普遍化。

每一位年輕人，在觀察人際互動微妙關係的能力差異頗大。ＥＱ高者，可以很敏銳地感受別人言行的投射是屬於善意或惡意，當發現自己不小心得罪對方，通常會馬上反省並修正自己的言行，以做一些彌補的動作；ＥＱ低者，則是經常得罪別人而不自知，等到對方前來興師問罪，才發現原來對方已經容忍多次，最後，是忍無可忍而爆發不滿的情緒。

如果把人際互動的微妙關係視爲一門學問，它是學生在課本裡無法學到的知識內容，但是，學校單位如果努力推行校園倫理，且教師能夠利用生活教育來引導學生注重師生倫理及認識職場倫理，將有助於提昇學生日後步入職場，與同事及主管之間，建立良好人際互動關係的能力。

就現今社會而言，多數社會新鮮人的職場人際ＥＱ普遍不高，那麼如果有心者想提昇自己的職場人際ＥＱ，應該如何著手？

筆者建議，可以誠懇地向父母或年長的親朋好友請益，請他們提醒，做爲一位職場新人，與同仁、主管及老闆互動時，必須注意哪些基本禮節？此外，透過閱讀有關「職場倫理」或「職場人際關係」的專書，皆有助於增進個人對於人際互動微妙關係的觀察能力。

在現實的生活中，一位待人處事應對拙劣的人，可能會遇到的情況是——一開口說話就得罪人，選擇沉默不語亦得罪人。例如，部隊有一位軍官，欲徵求一名士兵出任公差勤務，按理說，如果是屬於輕鬆好差事，識相的資淺士兵皆不敢與老兵爭搶機會，可是，一位叫阿泉的新兵卻爭先與老兵搶出公差。

另一次，排長欲徵求一名士兵擔任勞務較繁重的公差，按軍中倫理，都由最資淺的新兵擔任勞務較繁重的公差，通常遇到這種狀況，比較識相且最資淺的新兵，會主動自願出公差。可是，不識相的阿泉因怕辛苦而死不開口，最後，排長按軍中倫理而指定阿泉擔任此項公差，只是阿泉的表情擺出一副心不甘、情不願的模樣，令許多老兵對他產生極大的反感。

像阿泉這一類型的新兵，不會看狀況，有時候，一開口講話就得罪所有的老兵，有時候，保持沉默也是得罪所有的老兵，因此，在部隊裡的人際關係必然很差，很容易處處被老兵挑毛病或找麻煩，甚至，受到老兵群起孤立與排擠。

在各種不同領域的職場裡，也有不少職場新人相當不識相。例如，辦公室的勞務與工作分配，按排資論輩與職場倫理的考量，通常，較輕鬆的工作都會留給年長的資深老鳥，較繁重的工作由職場新人來承接，其他尚未分配的工作，則由中生代的資深老鳥自行協調分配，但是，有時候會遇到不識相的職場新人，因害怕多做事情，藉口公平原則為理由，要求抽籤，此話一出口，必然會得罪許多老鳥。

有時候，各部門必須推派公差，例如參加公祭或假日有特別任務活動，此時，不識相的職場新人可能碰到了情況是——一開口就得罪人，沉默不語也會得罪人。

資深老鳥會認爲，在前述情況下，無論是提議採取輪流制、抽籤，或保持沉默不語的職場新人，皆是害怕多做事情，且欠缺職場倫理觀念的菜鳥。

新人每天在工作職場裡，通常會遇到許多場合，應該開口說話，卻時常保持沉默不語，如此，會讓資深老鳥對職場新人留下不好的印象。

例如，職場新人遇見資深老鳥，不會主動問好；中午逕自吃午餐，也不會提醒仍在忙碌的鄰座老鳥用餐時間到了；下班時，也不懂必須先向鄰座老鳥打招呼再離去等基本禮節。

職場人際EQ高的新人，遇前述各種情況與場合會如何應對？

勞務工作分配時，職場人際EQ高的新人，會樂於承接較繁重的工作；部門必須推派公差，發現老鳥毫無意願擔任時，職場人際EQ高的新人，會主動願意出任公差；遇見任何同仁時，職場人際EQ高的新人，會主動向對方問早或問好；中午休息時刻到了，職場人際EQ高的新人，會客氣地提醒鄰座老鳥用餐時間到了；下班欲離開辦公室時，職場人際EQ高的新人，會主動向鄰座老鳥打招呼再離去，如果發現鄰座老鳥不在座位上，而是在隔壁的茶水間清洗物品時，也會主動走近打招呼再離開。

正所謂「千金難買早知道」，有一些人在年輕時輟學，經過多年的社會歷練後，會開始回想自己以前在校園的種種幼稚行爲而懊悔不已。

有一些人退伍多年後，終於發現，原來是自己當時在部隊，因欠缺尊重軍中倫理及忽略基本禮節，才會導致常常被老兵挑毛病與找麻煩，甚至曾經被圍毆。

同樣地，有一些人在職場打滾多年後，終於了解，原來自己還是職場新人時，因不懂尊重職場倫理及忽略基本禮節，才會被老鳥群起孤立與排擠。

前述這些人，隨著年歲增長及社會歷練增多，已經瞭解人際互動的微妙關係所在，他們通常不會因爲早期不順遂的經歷，而影響日後產生偏激思想或極端的反社會行爲。

現今有不少年輕人，在校園裡，曾經與師長對立衝突；在部隊裡，曾經被老兵找碴；在職場裡，曾經受到老鳥孤立與排擠，探究原因，發現這些年輕人，大多數都欠缺倫理輩分觀念及忽略基本禮節。再加上，這些年輕人的抗壓力差，又缺乏反省能力，致使他們早期不順遂的經歷，可能會進一步影響他們日後產生偏激思想，或極端的反社會行爲，這一種現象的出現，不得不令人開始擔憂在將來可能會愈趨普遍化。

目前有許多父母、長輩及教師，想爲他們的子弟找尋一本兼論職場倫理、軍中倫理及師生倫理的書似乎很難，坊間論述職場人際關係的書籍頗多，但是，談理論多於談實例，難以引起讀者的閱讀興趣。

有謂「多讀人生，少讀理論。」筆者撰寫本書的主要目的，就是想透過各種生活實例的小故事，來提醒年輕人爲何必須注重師生倫理、軍中倫理及職場倫理？人際互動的微妙關係，經由各種生活實例的小故事將其呈現出來，應該比較能夠引起讀者的閱讀興趣。當讀者發現別人在校園裡、部隊裡或職場裡，遭遇不順遂的經歷時，也比較能夠對自己產生警惕作用，進而促使讀者也能夠了解，學習尊重，確實有其必要性。

贏在關係—勇闖職場的人際關係經營術

作　　者　林啓文

發 行 人　林敬彬
主　　編　楊安瑜
統籌編輯　蔡穎如
責任編輯　汪　仁
美術編排　帛格有限公司
封面設計　行者創意事業有限公司 許丁文

出　　版　大都會文化事業有限公司 行政院新聞局北市業字第89號
發　　行　大都會文化事業有限公司
110台北市基隆路一段432號4樓之9
讀者服務專線：(02)27235216
讀者服務傳真：(02)27235220
電子郵件信箱：metro@ms21.hinet.net
網　　　址：www.metrobook.com.tw

郵政劃撥　14050529 大都會文化事業有限公司
出版日期　2007年4月初版一刷
定　　價　180元

ISBN　978-986-6846-05-2
書　　號　Success-022

First published in Taiwan in 2007 by
Metropolitan Culture Enterprise Co., Ltd.
4F-9, Double Hero Bldg., 432, Keelung Rd., Sec. 1,
Taipei 110, Taiwan
Tel:+886-2-2723-5216　Fax:+886-2-2723-5220
E-mail:metro@ms21.hinet.net
Web-site:www.metrobook.com.tw

大都會文化 METROPOLITAN CULTURE

國家圖書館出版品預行編目資料

贏在關係：勇闖職場的人際關係經營術 / 林啓文著. -- 初版. -- 臺北市：大都會文化, 2007[民96] 面； 公分. --(Success：22)
ISBN 978-986-6846-05-2(平裝)
1.人際關係　2.職場成功法

177.3　　　9603561

大都會文化 讀者服務卡

書名：**贏在關係—勇闖職場的人際關係經營術**

謝謝您選擇了這本書！期待您的支持與建議，讓我們能有更多聯繫與互動的機會。
日後您將可不定期收到本公司的新書資訊及特惠活動訊息。

A. 您在何時購得本書：_____年_____月_____日

B. 您在何處購得本書：__________書店，位於__________(市、縣)

C. 您從哪裡得知本書的消息：
1.□書店 2.□報章雜誌 3.□電台活動 4.□網路資訊
5.□書籤宣傳品等 6.□親友介紹 7.□書評 8.□其他

D. 您購買本書的動機：（可複選）
1.□對主題或內容感興趣 2.□工作需要 3.□生活需要
4.□自我進修 5.□內容為流行熱門話題 6.□其他

E. 您最喜歡本書的：（可複選）
1.□內容題材 2.□字體大小 3.□翻譯文筆 4.□封面 5.□編排方式 6.□其他

F. 您認為本書的封面：1.□非常出色 2.□普通 3.□毫不起眼 4.□其他

G. 您認為本書的編排：1.□非常出色 2.□普通 3.□毫不起眼 4.□其他

H. 您通常以哪些方式購書：(可複選)
1.□逛書店 2.□書展 3.□劃撥郵購 4.□團體訂購 5.□網路購書 6.□其他

I. 您希望我們出版哪類書籍：（可複選）
1.□旅遊 2.□流行文化 3.□生活休閒 4.□美容保養 5.□散文小品
6.□科學新知 7.□藝術音樂 8.□致富理財 9.□工商企管 10.□科幻推理
11.□史哲類 12.□勵志傳記 13.□電影小說 14.□語言學習（____語）
15.□幽默諧趣 16.□其他

J. 您對本書(系)的建議：

K. 您對本出版社的建議：

讀者小檔案
姓名：__________性別：□男 □女 生日：____年____月____日
年齡：1.□20歲以下 2.□21—30歲 3.□31—50歲 4.□51歲以上
職業：1.□學生 2.□軍公教 3.□大眾傳播 4.□服務業 5.□金融業 6.□製造業
7.□資訊業 8.□自由業 9.□家管 10.□退休 11.□其他
學歷：□國小或以下 □國中 □高中／高職 □大學／大專 □研究所以上
通訊地址：
電話：（H）__________（O）__________ 傳真：__________
行動電話：__________ E-Mail：__________
◎謝謝您購買本書，也歡迎您加入我們的會員，請上大都會文化網站www.metrobook.com.tw
登錄您的資料，您將會不定期收到最新圖書優惠資訊及電子報。

廣　告　回　函
北區郵政管理局
登記證北台字第9125號
免　貼　郵　票

大都會文化事業有限公司
讀　者　服　務　部　　收
110台北市基隆路一段432號4樓之9

寄回這張服務卡〔免貼郵票〕
您可以：
◎不定期收到最新出版訊息
◎參加各項回饋優惠活動

贏在關係——
勇闖職場的人際關係經營術